# STAURAUM-IDEEN

**Cyrille Frémont**
**Fotos: Manuel Bougot**

# INHALT

# EIN EINLADENDES ZUHAUSE

Der Schritt vom Traum in die Wirklichkeit ist leichter als gedacht! Ihr Zuhause entspricht nicht ganz Ihrer Idealvorstellung? Es kann sich ihr aber annähern, und das bei geringem Kosten- und Arbeitsaufwand, denn meist muss man einfach nur entrümpeln, die Raumorganisation überdenken und seine Siebensachen anders verstauen.

Überfülle scheint in unserem Zeitalter unvermeidbar – und dabei wäre ein „Weniger ist mehr" dem Komfort viel zuträglicher. Tag um Tag häuft sich neuer Kram an, und so scheint unser Lebensraum zunehmend zu schrumpfen. Klar: Wer über das nötige Kleingeld verfügt, der kann umziehen, auf mehr Quadratmeter ausweichen, um so das Platzproblem zu lösen. Doch oft nimmt das Chaos nur proportional zur Wohnfläche zu, denn je mehr Platz zur Verfügung steht, desto mehr sammelt sich an …

Wenn Sie von einem tadellosen Ordnungssystem träumen, von perfekt gefüllten Schränken und mühelos zu öffnenden Schubladen, ist es nun an der Zeit, in Aktion zu treten: Misten Sie aus, optimieren Sie die Ausnutzung des Raumes und schaffen Sie zweckmäßige Staubereiche. Gut organisiert lebt es sich nun einmal angenehmer, und das Zuhause kann zum wahren Spiegel Ihrer Persönlichkeit werden.

# SIE SCHAFFEN SICH EIN NEUES ZUHAUSE

# Ihr Heim unter der Lupe

Man stelle sich vor: Rückkehr nach einer langen Reise, endlich wieder daheim… Fast meinen Sie, die Wohnung eines Fremden zu betreten. Perfekt! Sie gehen durch alle Räume und erkunden sie, als ob sie Ihnen unbekannt wären. Während Sie alle Zimmer in Augenschein nehmen, überlegen Sie, wie es sich in ihnen wohnt.

Das Wohnzimmer: Lässt es Luft zum Atmen? Und die Küche? Nehmen Sie dort alle Mahlzeiten ein und zu wie viel Personen? Verbringen Sie dort viel Zeit? Das Schlafzimmer: In ihm schlafen Sie, sicher, aber steht dort noch ein Schreibtisch mit Computer oder ein Fernseher? Sind vielleicht auch Bücher und DVDs und in der Ecke ein Kleiderschrank untergebracht? Das Bad: Benutzen Sie es allein oder dient es der ganzen Familie? Und schließlich das Kinderzimmer:

Die Kinder sind inzwischen gewachsen, doch wurde es seitdem an ihre neuen Bedürfnisse angepasst? Auf diese Weise checken Sie alle Zimmer vom Keller bis zum Dachboden durch.

Je mehr Personen ein Zimmer nutzen, desto wahrscheinlicher wird das Chaos. Wo es um eine bestmögliche Aufteilung zwischen gemeinsam genutzten und Privatbereichen geht, spielt die Kommunikation mit den Mitbewohnern eine wesentliche Rolle.

Also: Betrachten Sie die Räume mit neuen Augen und notieren Sie sich, wo die Probleme liegen. Überlegen Sie auch, wie Sie in jedem einzelnen Raum wohnen bzw. gern wohnen möchten und suchen Sie sich Fotos, die Anregung bieten. Ausgehend von Ihrem Ideal können Sie dann an der Realität arbeiten und Ihr Zuhause entsprechend umgestalten.

◄ Die freundliche Küche ist mit deckenhohen Schränken für selten Gebrauchtes ausgestattet.

In den Staubereich unter der Treppe passen Stühle, die man bei Bedarf hervorzaubert und an den Tisch stellt.

## Wie erreicht man das?

Bett und Boden sind unter herumliegender Kleidung fast verschwunden, Papierstapel bedecken den Schreibtisch. Bedrohlich türmen sich CDs und Bücher; die Türme drohen jeden Moment einzustürzen. Die Rede ist vom Jugendzimmer… oder doch von Ihrem Zimmer? Aufräumen fällt schließlich vielen Menschen schwer, das bleibt auch im Erwachsenenalter so. Oft hat man weder Zeit noch Lust oder Kraft dazu. Schließlich nimmt man das eigene Durcheinander nicht mehr wahr, man richtet sich in ihm ein. Aber irgendwann kommt dann der Moment, wo es heißt: „Jetzt reicht's!" Die Zeit ist reif für das Großreinemachen, das sich nicht mehr umgehen lässt! Hier sollte man zunächst die „Gefahrenpunkte" ausfindig machen, von denen das Chaos seinen Ausgang nimmt. Auf das erste methodische Sortieren folgt Stufe 2, die Raumorganisation und das Verstauen.

## Trümpfe einer guten Raumorganisation

Ein einzig wahres Ordnungssystem gibt es nicht. Alles hängt von den Ansprüchen des Einzelnen ab.

Meist ist das verstreute Ablegen von Sachen ein Quell von Unordnung. In einem gut durchdachten Zimmer findet sich das Gewünschte rasch, denn dort hat alles seinen festen Platz. Wenn Sie erst Zimmer um Zimmer, Schrank um Schrank durchsuchen müssen, um einen Alltagsgegenstand aufzutreiben, ist eine Optimierung Ihres Ordnungssystems dringend erforderlich.

Idealerweise sind möglichst viele Dinge leicht zugänglich. All das, was tagtäglich benötigt wird, sollte sichtbar oder griffbereit verwahrt werden.

Und verabschieden Sie sich von der Schutzbehauptung, Ordnung sei der Tod der Kreativität: Eine gute Raumplanung lässt sogar mehr Kreativität zu!

**Werkstattmöbel bieten Stauvolumen und fügen sich perfekt in einen ansprechenden Raum ein.**

# Die Parole: Organisation

## Eine gute Strategie

Den Gedanken, dies alles sei sowieso nicht zu schaffen, sollten Sie schon im Keim ersticken. Es muss ja nicht gleich perfekt sein. Entscheiden Sie sich lieber für eine realistische 5-Punkte-Strategie:

– Wichtig ist, bei der Planung den persönlichen Rhythmus zu beachten: Er ist von Ihrer Tatkraft und von der verfügbaren Freizeit abhängig.

– Legen Sie ein Datum für den Beginn und für das Ende der Arbeiten fest. Wenn nötig, wird das Projekt in mehrere Unterpunkte aufgegliedert.

– Halten Sie den „Ortsbefund" fest, indem Sie die Räume fotografieren. Ein Vergleich der Vorher-Nacher-Aufnahmen ist sehr hilfreich und erlaubt, den Fortschritt Ihrer Bemühungen objektiv zu messen.

– Was Sie brauchen, ist ein „Komplize", damit Sie der Baustelle nicht allein ausgeliefert sind. Er wird Sie anleiten und beraten, Mut machen und auch beglückwünschen! Wer es sich leisten kann, wendet sich an einen professionellen Entrümpler. Ansonsten bitten Sie einen Freund oder Angehörigen, der möglichst gut organisiert ist!

– Um den Erfolg der Umgestaltung auch langfristig zu sichern, ist es wichtig, Grenzen zu setzen und nicht alles selbst zu managen. Das Verantwortungsgefühl anderer mobilisieren Sie, indem Sie jedem seinen eigenen Bereich zuweisen. Gerade im Kinderzimmer sind feste Regeln wichtig. Damit die Unordnung nicht zum Dauerzustand wird, sollten die Kinder idealerweise jedes Spiel aufräumen, bevor sie ein anderes

herausholen oder zumindest ihr Zimmer jeden Abend aufräumen. Zugegeben: Kein leichtes Unterfangen! Sollten sich mehrere Kinder ein Zimmer teilen, bietet sich an, jedem einen eigenen Bereich zuzuweisen, oder bestimmte Bereiche für das verstaute Spielzeug festzulegen.

Ist das Kinderzimmer zu klein, als dass sich dort noch die Kleidung unterbringen ließe? Welcher Raum eignet sich dafür, und wie viel Fläche ist nötig?

► Eine pfiffige Idee: Die Tür verschließt mal die Bücherregale, mal den Zugang zu den Schlafzimmern.

Sie schaffen sich ein neues Zuhause

Das Zen-Feeling im Raum
mildert die Dominanz des
wuchtigen Bücherschranks.

## Ausmisten, wegwerfen und verschenken

Wir haben immer das Gefühl, es fehle einfach an Platz, ganz egal wie groß die Wohnfläche ist. Ein Grund mehr also, sich klarzumachen, wie wir den Wohnbereich nutzen, und mit dem Entrümpeln zu beginnen. Ihr Zuhause unterteilen Sie am besten in Aktivitätszentren, ähnlich wie im Kindergarten, wo einzelne Bereiche für zum Beispiel Musik und Malen vorgesehen sind. Nachdem alles neu durchdacht und funktioneller umgestaltet wurde, stellen Sie fest: Es ist mehr Platz da als gedacht!

Das Aussortieren ist das erste Glied in der Kette eines intelligenten Ordnungskonzepts: Nun entscheidet sich, was man behält bzw. verkauft, verschenkt oder wegwirft. So wichtig dieser Schritt ist, so schwer fällt er meist auch, denn Krimskrams hat oft emotionalen Wert. Doch Kommentare wie „Ja, ich weiß, es ist hässlich und gebrauchen kann ich es auch nicht, aber … es war ein Geschenk" bremsen jedes sinnvolle Aussortieren aus.

Entscheidend ist die Herangehensweise. Stellen Sie sich bei jedem Gegenstand einfache, aber wichtige Fragen: Kann ich es wirklich gebrauchen? Wie viele Kleidungsstücke habe ich noch, die sich nur mühsam anziehen, bügeln oder reinigen lassen, sodass sie letztlich doch im Schrank bleiben? Was soll mit Küchengeräten passieren, die einfach zu unpraktisch in der Handhabung sind?

## Was wird aussortiert?

► Wofür kein Platz ist.

► Was nicht gebraucht wird.

► Was Ihnen nicht (mehr) gefällt.

► Was Sie nicht mehr interessiert.

► Was „später einmal" benutzt, repariert oder weitergegeben werden soll.

▶ Hier wurde kein Platz vergeudet:
Jede freie Wandfläche hat man
für Bücherborde genutzt.

Sachen, die man nicht ständig braucht, lassen sich meistens nicht mehr sofort ausfindig machen, sind sie erst einmal weggeräumt. Schnell ist vergessen, was sich auf dem Boden einer blickdichten Kiste verbirgt. Der Karton, der oben im Schrank bestens untergebracht ist, wird rasch anonym, wenn er Dinge enthält, die man nicht tagtäglich zur Hand nimmt (Schneestiefel oder Strandtücher etwa). Die Lösung: Alle Behälter konsequent beschriften, damit man sich besser zurechtfindet.

Kritzeln Sie nicht irgendwie „Ski" oder „Strand" auf die Kiste, sondern versehen Sie gerade die Kartons ganz oben mit großen, gut leserlichen Buchstaben. Alternativ klebt man ein Foto vom Inhalt direkt auf den Behälter. Enthält er Diverses, kommt eine detaillierte Liste in Augenhöhe an die Schranktür.

◀ ▼ Unterlagen, die Familie oder
Haushalt betreffen, kommen in leserlich
beschriftete Ablagesets und Stehsammler.

# Wegräumen und beschriften

Sie verzetteln sich nur, wenn Umschläge, Briefmarken, Kulis und Überweisungsformulare nicht griffbereit an einer Stelle verwahrt werden, denn es geht wertvolle Zeit verloren und die simpelsten Arbeiten – wie fix eine Rechnung erledigen – verkomplizieren sich, bis man gute Laune und Nerven verliert. Die zweckmäßige Organisation des Raumes ermöglicht also auch ein besseres Zeitmanagement. Lassen Sie nichts herumliegen und bewahren Sie alle Gegenstände (Briefe von Anna, Davids CDs usw.) an geeigneter Stelle auf. Wer beim Aufräumen thematisch vorgeht und Dinge stets am selben Ort unterbringt, hat den besseren Überblick und kauft sich nicht denselben Gegenstand ein zweites oder sogar drittes Mal. Erinnerungsstücke, ärztliche Unterlagen und anderes mehr archivieren Sie nach Person und nach Jahr sortiert. Zum Schluss erstellen Sie am besten noch eine Inventarliste, vorzugsweise mit dem Computer; diese Liste gehört griffbereit verwahrt, um sie leicht einsehen zu können.

**Sie schaffen sich ein neues Zuhause**

◄ Praktisch: Kleiderhaken in Höhe
der jeweiligen Bewohner und Körbe
für Handschuhe und Schals.

► Eine alte Lattenkiste
ist nützlich, um CDs
zu transportieren.

## Neue Sitten

Aussortiert, weitergegeben, weggeworfen und weggeräumt haben Sie nun … Bravo! Alles klappt schon
besser, nicht wahr? Und wo Sie so schön in Schwung
sind, führen Sie gleich auch neue Gewohnheiten ein,
um sich den hinzugewonnenen Raum dauerhaft zu
erhalten. Zum Beispiel wandern alte Zeitschriften
jeden Monat in den Papiermüll, und mit Beginn
einer neuen Jahreszeit werden Kleidung, Spielzeug,
Medikamente, Unterlagen und Lebensmittel durchgesehen. Es macht keinen Sinn, alles auf den großen
Frühjahrsputz zu schieben, frei nach dem Motto: „Ich
putze nur einmal im Jahr, dafür aber gründlich!" Und
achten Sie auch darauf, dass sich Ihr Umfeld an die
neuen Gepflogenheiten hält: Damit nicht Sie zurück-
räumen, was ein anderer einer Kiste entnommen hat!

## Zehn Grundregeln

► 1. Räumen Sie alles wieder zurück.

► 2. Alles was Sie ausziehen (Schuhe, Kleidung usw.), wird aufgehängt oder weggeräumt.

► 3. Schließen Sie, was Sie geöffnet haben.

► 4. Heben Sie auf, was zu Boden gefallen
ist, und räumen oder werfen Sie es weg.

► 5. Reparieren Sie, was kaputtgegangen ist.

► 6. Räumen Sie jeden Abend auf.

► 7. Verschiebe nie auf morgen, was du
heute kannst besorgen (bewährtes altes
Sprichwort!)

► 8. Geben Sie Geliehenes zurück.

► 9. Zeigen Sie Verantwortungsbewusstsein
und halten Sie Ordnung im eigenen Bereich.

► 10. Jeder Mitbewohner übernimmt seinen
Anteil an der Arbeit!

# Wie und wo verstauen?

▲ Hohe Decken nutzen Sie,
um Borde unterzubringen.

## Die Winkel ausnutzen

Haben Sie auch schon auf überflüssige Ecken und Winkel geschimpft? Und doch erweist sich solch toter Raum als vorteilhaft, wenn er als Staufläche genutzt wird. Warum nicht von einem Dachfenster profitieren, um darunter eine Büroecke einzurichten? Oder einen Rollcontainer unter einer Treppe unterbringen? Und eine versiegelte Tür ist ideal, um davor ein Bücherregal aufzustellen. In manchen Altbauten gibt es auch nicht mehr genutzte Kamine: In den Nischen links und rechts der Haube bringen Sie Borde für Dekogegenstände an, oder die Hausbar wird in den Kamin verlegt. Zwei nahe Mauern eignen sich auch als Stützen für ein Regal, das den Raum ganz ohne Zwischenwand unterteilt. In einem Zimmer mit offenem Dachstuhl kann man am Gebälk gut Borde für Bücher, CDs, DVDs und Spiele anbringen, sodass der Boden freibleibt.

## Unterschiedliche Stauraumlösungen

Schränke und Einbauschränke gibt es in diversen Ausführungen – je nach den individuellen Bedürfnissen und den architektonischen Gegebenheiten hat man also die Wahl. Schiebetüren sind zum Beispiel perfekt, wenn der Platz für das Öffnen von Türen fehlt. Schwingtüren schonen den Geldbeutel, während Falttüren einen guten Zugriff und Überblick über den Schrankinhalt ermöglichen.

◄ Im Kopfteil dieses maßgefertigten Bettes verstaut man im Sommer die Daunendecke.

Der Bereich unter
der Treppe birgt nun einen
großen Einbauschrank.

Klappern Sie vielleicht mit Leidenschaft Trödelmärkte ab? Dort stöbern Sie sicher einen Glasschrank auf, den man als Stauraum für Schuhe, Accessoires, Wäsche und anderes zweckentfremden kann.

Wenn Ihr Zuhause dies mitmacht, bringen die gerade topaktuellen Industriemöbel eine individuelle Note in die Räume und sind obendrein eine praktische Aufbewahrungsmöglichkeit für Bücher, CDs usw.

Bei kleinen Wohnflächen sind maßgeschreinerte Möbel nach wie vor die Ideallösung. Auch wenn sie nicht gerade billig sind, sorgen sie doch für eine bestmögliche Ausnutzung des Raumes und machen sich außerdem gut. Sie können zwischen Schiebeschränken, Einbauschränken, Schubkästen, Sicht- und anderen Regalen und vielem mehr wählen.

## Stauboxen und andere Behälter

Bevor Sie sich aufs Geratewohl alle möglichen Behälter zulegen, kann etwas Nachdenken nicht schaden! Die Entscheidung für eine Box oder einen Ordner ist meist ästhetisch motiviert, aber der praktische Aspekt spielt eine wichtige Rolle. Machen Sie also eine Bestandsaufnahme, indem Sie den Endzustand des neu gestalteten Zimmers visualisieren und danach den Raum und die unterzubringenden Stauelemente ausmessen. Wird ihr Inhalt nur zu bestimmten Anlässen hervorgeholt wie etwa die Weihnachtsdekoration? Oder soll er jederzeit bequem zugänglich sein? Wie viele Stauelemente sind nötig und wie schwer sind sie? Wie häufig müssen Sie an sie dran? Ist Ihnen Ästhetik dabei wichtiger als Funktionalität? Zum Beispiel sind transparente Kunststoffboxen selten hübsch anzusehen, dafür aber äußerst praktisch (stapelbar, waschbar, fast unverwüstlich, der Inhalt ist gut sichtbar).

► Große Stellregale sind ideal, um in der Garage oder im Keller Lebensmittel aufzubewahren. Man findet sich auf den ersten Blick zurecht.

◄ Jede Nische in diesem Flur dient als Staufläche.

◄ **Freier Platz an der Kellertreppe bietet sich an, um dort Schuhe zu lagern, die in der momentanen Jahreszeit nicht getragen werden.**

## Verschiedene Abstellorte

Gerade die klassischen Abstellbereiche wie Keller, Speicher, Garage, Kellergeschoss oder der Schuppen hinten im Garten verlangen nach einem gut durchdachten Ordnungssystem. Man braucht die Dinge, die dort gelagert werden, ja nur gelegentlich oder zu bestimmten Jahreszeiten und mag dann nicht Stunden mit dem Hervorsuchen vergeuden. Trotzdem bleiben diese Bereiche meist sich selbst überlassen und Unordnung und Chaos sind der Regelfall.

Ersparen Sie sich den Suchkoller und schaffen Sie Ordnung. Dafür bestimmt man zuerst die verschiedenen Bedürfniszonen wie Speisekammer, Weinkeller, Hobbyraum, Waschküche, Lagerung von Akten, Möbeln, Kleidung, Sportgeräten usw. Dann wird überlegt, welche Anforderungen in Bezug auf Temperatur oder Zugänglichkeit an den jeweiligen Aufbewahrungsort gestellt werden: Lebensmittelvorräte haben beispielsweise nichts auf dem Speicher verloren und Möbel wären in einem feuchten Schuppen völlig fehl am Platz. Praktisch sind höhenverstellbare Regaleinsätze, sodass man die Behälter nicht im Regal stapeln und mühsam wieder „entstapeln" muss. Was aufgehängt werden kann, wie Fahrräder, Liege- oder Klappstühle, gehört nach oben an die Wand, damit ein Maximum an Bodenfläche frei bleiben kann.

# PAPIERKRAM UND FREIZEITAKTIVITÄTEN

# Den Papierwust bändigen

**Dieses Bücherregal nimmt die gesamte Deckenhöhe ein.**

## Bücher

Das Verhältnis zu Büchern ist etwas sehr Individuelles. Während der eine nur inmitten von Bücherwänden überleben kann, die mal überborden, mal strikt gegliedert sind, reichen dem anderen einige wirkungsvoll platzierte Kunstbände auf dem Couchtisch. Wie auch immer – um ein bestimmtes Buch wiederzufinden, braucht es ein Ordnungssystem, ob nun nach Genre, Autor oder Verlag. Wenn Sie sich unsicher sind, tun Sie es einfach den Buchhändlern gleich und ordnen Sie nach Kategorien (Klassiker, Moderne Literatur, Geschichte, Sachbuch, Kinderbuch, Reiseführer usw.), nach Themen und nach dem Alphabet. Kochbücher haben eine Sonderbehandlung verdient und kommen in eine Ecke in Küchennähe. Bedenken Sie, dass Reiseführer alle paar Jahre neu aufgelegt werden, da empfiehlt es sich nicht unbedingt, veraltete Bände zu horten.

Beim Durchsehen Ihrer Bücherschätze entledigen Sie sich am besten auch gleich der Bände, die nicht mehr von Interesse sind, die Sie noch nie gelesen haben und bestimmt nicht mehr lesen werden ... Ganz sicher freut sich ein anderer darüber, also geben Sie die Bücher guten Gewissens weiter oder verkaufen Sie sie. Bedenken Sie auch, dass Bücher die Tendenz haben, sich unkontrolliert zu vermehren. Deshalb braucht es auch genug freien Platz für Neuzukömmlinge.

Wenn ein großer Bücherschrank aus Platzgründen nicht infrage kommt, bieten sich Bücherborde an, die in Wandecken und im Flur angebracht werden. Ein Bücherregal passt auch gut vor eine ungenutzte Tür. Lassen Sie sich etwas einfallen!

Schiebepaneele an einem Bücherregal
verbergen Teile des Inhalts und schaffen
so Ruheinseln für das Auge.

## Zeitschriften und Kataloge

Mehr noch als Bücher sind Druckerzeugnisse jeder Art wahre Platzfresser. Alle versorgen sie den Leser mit Informationen, die zum Zeitpunkt des Erscheinens aktuell sind. Jahr um Jahr wiederholen sich die Themen – Immobilien, Mode, Wellness, Diäten – und werden dann jeweils auf den neuesten Stand gebracht. Deshalb erübrigt sich auch das Aufbewahren von alten Ausgaben. Aussortieren lautet also wieder das Zauberwort, wenn man nicht hinter Bergen von nutzlosem Papier verschwinden will.

Und warum sich mit der kompletten Ausgabe belasten, wenn nur ein einziger Artikel einer Zeitschrift interessant ist? Man schneidet ihn aus, notiert sich die Quelle und wirft den Rest dann weg.

Tageszeitungen schaffen Sie schon am nächsten Tag fort, Wochenzeitungen am Ende der Woche, Zeitschriften am besten im folgenden Monat und Kataloge mit Erscheinen der Nachfolgeausgabe. Wird in einem

## Was Kinder schaffen

▶ Alle Eltern sind von der einzigartigen Begabung ihres Kindes überzeugt und heben deshalb Schulhefte, Zeichnungen und andere künstlerischen Hinterlassenschaften auf. Am besten treffen Sie gemeinsam mit dem Kind eine Auswahl, umso teurer werden die Erinnerungsstücke Ihnen später sein.

▶ Verständigen Sie sich mit ihrem Kind darauf, nur die besten Zeichnungen, Pappmaschee- und Klebearbeiten des Schulhalbjahrs aufzubewahren. Alte Schulhefte sollten in Abständen ebenfalls durchgesehen werden. Alle Materialien, die man behalten möchte, kommen nach Kindern und Schuljahren sortiert in Mappen oder Hängesammler.

► **Kochbücher brauchen eine Ecke,
wo sie vor Fett und Staub
geschützt sind.**

Artikel auf eine vielversprechende Website hingewiesen, sollte man die Website direkt checken und den Artikel danach entsorgen.

Möchte man trotzdem bestimmte Periodika wie etwa Interieurzeitschriften behalten, bewahrt man sie am besten in transparenten Stehsammlern auf und zwar, nach Jahrgängen getrennt, im Schrank.

## Kochrezepte

Erstaunlich was sich an Rezeptschnipseln ansammelt, die man irgendwo ausgerissen … und dann vergessen hat. Beim ersten Durchlesen will man die Gerichte gleich in die Tat umsetzen, aber irgendwie hat man sie dann nie ausprobiert. In der Zwischenzeit hat sich eventuell auch der persönliche Geschmack geändert und man kocht heute ganz anders: weniger Fett, mehr Exotik … Was also tun mit der Zettelsammlung?

Der erste Schritt: Man sieht sie durch und sortiert gnadenlos aus. Weg mit allem, was uninteressant geworden oder doppelt ist, wofür man sechs Stunden in der Küche steht, was eine schwer aufzutreibende Zutat erfordert oder gar ein eigens anzuschaffendes Kochutensil. Wieso ein Kuskusrezept aufbewahren, wenn es in der Nähe ein gutes marokkanisches Restaurant gibt, das sogar ausliefert?

Die für tauglich befundenen Schnipselchen kommen dann, nach Kategorien getrennt (Vorspeisen, Rind, Kalb, Huhn, Fisch, Desserts usw.), in Plastikhüllen und in einen Ordner. So kann man einzelne Rezepte leicht entnehmen und während der Zubereitung mit einem Magneten an den Kühlschrank pinnen. Eine Alternative: Die Rezepte werden gescannt und als Datei aufbewahrt. Überhaupt bietet das Internet die weltgrößte Rezeptesammlung.

Und für die Zukunft nehmen Sie sich vor, die Rezepte genau durchzulesen, bevor Sie sie aus der neuen Zeitschrift herausreißen, damit die Küchenschublade nicht wieder zu Zettels Albtraum wird. Von drei Zucchini-Rezepte kommen eh nur zwei infrage und eines schmeckt dann doch nicht so gut wie erhofft.

## Büro und Arbeitsecke

Manch einer glaubt sich nur zurechtzufinden, wenn
der Schreibtisch unter Papierstapeln begraben liegt.
Andere wiederum kennen nur den gut aufgeräumten –
sprich: leeren – Schreibtisch. Ein Büro oder Arbeitszimmer, wo reine Verwaltungs- oder Arbeitsdinge
erledigt werden, räumt vor allem dem Adepten der
scheinbaren Unordnung gewisse Freiheiten ein. Aber
eine Büroecke tut es durchaus, solange sie nur ausreichend abgegrenzt ist. Entscheidend ist, dass man
in Ruhe arbeiten kann und zum Schluss dann alle
Spuren seiner Aktivitäten veschwinden lässt. Wer
den Schreibtisch jeden Abend aufräumt, kann dem
Morgen gelassen entgegensehen.

Für welche Möbel man sich letztlich entscheidet,
hängt von dem Verwendungszweck ab. Ein gut aus-
gestatteter Schreib- oder Einbauschrank reicht beispielsweise für das Erledigen des laufenden Briefver-
kehrs aus. Wer mit Notebook und vielen Unterlagen
arbeitet, sollte sich besser einen rechteckigen Schreibtisch anschaffen, wie er Standard ist. Praktisch ist
auch der Schreibtisch in L-Form, denn er bietet
zusätzlichen Abstellplatz für einen Drucker.

## Ordnung schaffen

Gleich für welche Gestaltung man sich entscheidet –
Stifte, Kleber, Umschläge, Briefmarken, Papier,
Druckerpatronen, CDs, kurz, alles Büromaterial wird
griffbereit verwahrt, und das am besten in einer
Schublade. Dies verhindert auch das Anhäufen über-
mäßiger Vorräte solcher Utensilien. Messen Sie die
Ordner, Ablagesets und Mappen aus, in denen Rech-
nungen und Haushaltsunterlagen abgelegt werden,
dann wissen Sie auch genau, wie viel Regalfläche
anfällt. Die Einlegeböden sollten verstellbar sein. Oft
Gebrauchtes erhält einen gut zugänglichen Platz, die
Ordner werden beschriftet. Hängemappen eignen
sich übrigens besser als die üblichen Mappen, die mit
der Zeit zu wackligen Turmbauten anwachsen.

**Dieses Arbeitszimmer verbindet das Traditionelle mit dem Modernen.**

## Regelmäßig wegwerfen

Verschieben Sie das Sichten des Schriftverkehrs nie auf den nächsten Tag, sonst türmen sich die Papierberge wie von Zauberhand. Gerade das Aussortieren und Wegwerfen von Papier gibt innere Befriedigung, weil das Ergebnis sofort zu sehen ist. Jede Art von Dokument wird separat behandelt. Die Post erledigt man sofort, damit sie sich gar nicht erst anhäuft. Öffnen Sie deshalb die Briefe und überlegen Sie, was damit zu geschehen hat, Umschläge und Werbematerial wandern gleich in den Papierkorb. Nach einer Anschaffung tackern Sie die Rechnung sofort an die Garantiekarte: So erkennt man im Schadensfall auf einen Blick, ob das Gerät noch Garantie hat und an wen man sich für die Reparatur wenden soll. Alte Kaufunterlagen gehören nach Ablauf der Garantie oder nach Austauschen des Geräts weggeworfen. Auch Versicherungen, Bank- und Krankenkassenunterlagen, Steuererklärungen und weitere Schriftstücke (Quittungen, Telefon- und Stromrechnungen usw.) werden für die vorgeschriebene Zeit in gut beschrifteten Ordnern oder Ablagesets aufbewahrt, die in den relevanten Zeitabständen (sechs bzw. zehn Jahre) durchgesehen werden. Gehaltsbescheinigungen sollte man bis zum Rentenalter verwahren. Dasselbe Prozedere gilt für Emails, schließlich ist der Bildschirm nichts anderes als ein elektronischer Schreibtisch. Überlegen Sie sich deshalb auch eine gute Ordnungsstruktur für Ihre Dateien und Ordner. Alles was nicht mehr gebraucht wird, kommt in den elektronischen Papierkorb. Kleinere Dateien werden in regelmäßigen Abständen auf USB-Stick gesichert, größere auf einer externen Festplatte.

# Den Freizeitbereich gestalten

## Fotos

Der erste unerlässliche Schritt ist hier wieder das Aussortieren und Wegwerfen, damit nur die besten und wichtigsten Bilder übrig bleiben, solche, die sich mit schönen Erinnerungen verbinden und auf denen die Fotografierten auch gut zu erkennen sind. Auch die Negative behalten Sie! Vergessen Sie nicht, die Aufnahmen mit Beschriftungen zu versehen (Datum, Ort, Namen der abgebildeten Personen).

Die Aufnahmen sortiert man nach Jahr oder Ereignis getrennt in gut beschriftete Alben oder Boxen, wo sie vor Staub und Ultraviolettstrahlung geschützt sind, und räumt diese dann in ein Regal oder eine Kommode. Alternativ kann man die Bilder, die man gern behalten möchte, auch scannen und entweder auf der eigenen Festplatte oder aber im Internet bereithalten. Diese Lösung erfordert deutlich weniger Platz, und außerdem lässt sich jederzeit eine Fotoauswahl auf CD brennen und an Personen weiterverschenken, die Interesse signalisiert haben – eine einfache Gabe, die Freude macht!

Im Zeitalter der Digitalfotografie besteht die Herausforderung darin, der Bilderflut Herr zu werden. Es sollte regelmäßig aussortiert werden, um die Festplatte nicht zu blockieren.

Wer mag, sucht seine Lieblingsabzüge heraus und hängt sie schön gerahmt an die Wand. Digitale Fotos kann man inzwischen auf einen entsprechenden Fotorahmen übertragen. Diese neue Technik ist nicht nur praktisch und platzsparend, sondern fügt sich auch gut in Innenräume verschiedenster Gestaltung ein und erlaubt obendrein, eine Diashow zu zeigen.

## Musik und Filme

Los geht es mit dem Durchsehen von CDs und DVDs. Alles was bleiben darf, verstaut man in Playernähe, und zwar nach Genre oder alphabetisch sortiert. Bunte Klebepunkte auf den Hüllen – für jedes Genre eine andere Farbe – helfen beim Ordnunghalten. Als praktisch erweist sich auch eine griffbereit liegende Liste der Titel.

Wichtig ist natürlich, dass man seine CDs und DVDs gut sortiert und sie konsequent an Ort und Stelle zurückräumt, dann finden sich bestimmte Titel ohne langes Suchen wieder! Statt sie in der Ecke in die Höhe zu stapeln, stellt man sie ähnlich wie Bücher – also senkrecht, mit gut lesbarem Rückenschild – in ein Regal, in Schrankfächer oder eine Kommodenschublade. CD-Türme sehen zwar hübsch aus, sind aber etwas sperrig. Wenn der Platz nicht für das Unterbringen aller CDs und DVDs reicht, werfen Sie verzichtbare Hüllen weg und stecken die Scheiben in Taschen oder Sie speichern sie auf der Festplatte oder auf dem MP3-Player.

**Ob im Regal oder im Karussell – CDs kommen nach Gebrauch zurück in die Hülle.**

## Kreative Hobbys und Nähen

Nähen, Bilder rahmen, Malen: Welcher Freizeitbeschäftigung Sie auch nachgehen mögen, wichtig ist eine gut aufgeräumte Hobbyecke, mit der Sie Ihren Lieben nicht in die Quere kommen. Außerdem besteht die Gefahr, dass Sie Ihr Hobby sonst entmutigt aufgeben, weil die simpelsten Handgriffe zu kompliziert geworden sind. Mit einigen kleinen Tricks kann man aber einer entgleisten Situation wieder Herr werden.

Zuerst räumt man Materialien und Werkzeuge an einen speziell vorgesehenen Bereich, ob dies nun ein Kasten, Schubfach, Schrank oder gar ein separates Zimmer ist. Ideal sind Werkzeugkästen oder Ablagesets, weil sie sich bequem in einen Schrank hineinschieben lassen.

Wenn ein Einbauschrank zur Verfügung steht, statten Sie ihn zweckmäßig aus: eine Arbeitsfläche, Regaleinsätze mit höhenverstellbaren Halterungen, die sich an Zeitschriften, Bücher, Anleitungen, Bilder, Pigmente und anderes Zubehör anpassen lassen; Schubfächer für Knöpfe, Bänder, Borten, Garnrollen, Schere, Pinsel, Stifte, Stoffe oder Buntpapier, diverses Zubehör wie Perlen oder Muscheln.

## Sammlungen

Eine Sammlung sollte kein Staubfänger sein und deshalb an einem geeigneten Ort verwahrt werden.

Zuerst passiert wieder alles Revue vor dem kritischen Auge: Können Sie sich von etwas trennen? Dann verschenken oder verkaufen Sie es. Falls der Platz ausreicht, kann man natürlich alles aufbewahren und

einzelne Stücke später wieder nach Gusto hervorholen. Ihre schönsten Schätzchen präsentieren Sie, je nach Größe und Anzahl, in einer Vitrine, an der Wand, in einer Nische oder unter einer Glasplatte. Für Briefmarken und alte Münzen gibt es spezielle Alben, aber auch gerahmt machen sie sich sehr gut.

◄ **Kinderzimmer brauchen besonders viel Stauraum. Einfache Sicht-
regale sind für Kinderfinger eine
sichere Sache!**

## Spiele und Spielzeug

Eine der größten Quellen für Chaos tut sich dort auf,
wo Spielzeug und Spiele verwahrt werden. Direkt
nach dem Aufräumen hält die Unordnung aufs Neue
Einzug. Doch selbst diesen kritischen Stellen lässt sich
beikommen, wenn abends alles weggeräumt wird, bis
nichts mehr auf dem Boden herumliegt.

Wenn das Spielzeug überhand nimmt, empfiehlt
sich die „Rotationsmethode": Dabei sind nur einige
wenige Spiele gleichzeitig zugänglich, und nach einer
gewissen Zeit wechselt man. Das kommt zudem der
kindlichen Psyche entgegen, denn oft werden Kinder
nach kurzer Zeit eines bestimmten Spielzeugs über-
drüssig. Räumen Sie also uninteressant Gewordenes
weg, umso begeisterter wird Ihr Nachwuchs reagie-
ren, wenn er das Spiel zu einem späteren Zeitpunkt
wiederentdeckt.

Im Kinderzimmer sammeln sich außerdem kleine Erinnerungsstücke und diverse Papierstapel, Zeichnungen, Hausaufgaben usw. an. Diese Gegenstände ord-
net man nach Aktivitätsbereichen – das kennen die
Kleinen aus dem Kindergarten – und nach Farben.
Unvollständige Spiele oder Puzzles tun Sie beiseite
und bewahren sie bis zum folgenden Monat auf; wenn
die fehlenden Teile bis dahin nicht zum Vorschein ge-
kommen sind, weg damit! Mit farbigen Klebepunkten
auf der Rückseite lassen sich mehrere Puzzles besser
auseinanderhalten. Alles was nicht mehr zu gebrauchen ist, wie Stiftreste, trockene Filzstifte, zerbro-
chenes Spielzeug, zerrissene Bücher, wird entsorgt,
Dinge dagegen, die noch in gutem Zustand sind, aber
nicht mehr dem Alter der Kinder entsprechen, gibt
man besser weiter.

Ein erfolgreiches Ordnungssystem richtet sich nach
der Größe und physischen Kraft der Kinder. Alles soll
gut erreichbar und beschriftet oder mit Fotos versehen sein. Spiele und Bücher finden ein Plätzchen in
Greifhöhe im Regal, Spielzeug wird in leicht zugänglichen Schubfächern oder Rollcontainern verstaut.

# WOHNEN UND GÄSTE EINLADEN

# In der Küche

In der Küche nehmen Sie das Neuorganisieren der Vorräte in Angriff. Ganz unvermutet tauchen da Konserven kurz vor Ablauf des Verfallsdatums auf, und überhaupt hilft das Durchsehen, doppelte Anschaffungen zu vermeiden. Man entscheidet sich möglichst gegen tiefe Schränke, in denen Sachen auf Nimmerwiedersehen verschwinden. Besser sind Schränke mit Schiebetüren, wo alles in Reichweite und Augenhöhe ist. Gewiss, Glastüren wirken ansprechend, verlangen aber nach einer tadellosen Ordnung im Schrankinneren; deshalb taugen sie auch weniger für Lebensmittel als für das Präsentieren von edlem Geschirr. Schubladen sind ungeheuer praktisch, denn sie bieten Stauraum in der gesamten Tiefe der Arbeitsfläche und trotzdem einen guten Zugriff auf den Inhalt. Überlegen Sie, ob in Ihrer Küche Trenneinsätze für Schränke und Schubladen sinnvoll sind.

## Lebensmittel

Nach dem Einkaufen wandern Plastikfolien und Kartonverpackungen in den Müll. Sehen Sie die Schränke nach Lebensmitteln mit abgelaufenem Verfallsdatum durch, nach Gewürzen, die ihr Aroma verloren haben, und nach exotischen Produkten, mit denen Sie nichts Rechtes anzufangen wissen. Den Rest sortieren Sie nach diversen Kategorien (z. B. Desserts, asiatische Küche, deutsche Klassiker) in einen Gitterkorb und hängen ihn an die Innentür eines Schrankes oder, besser noch, in eine Schublade. Für Zucker, Mehl und Hefe eignen sich luftdicht verschließbare Gefäße am besten. Die anderen Produkte verstaut man gruppenweise in der Originalverpackung oder aber in transparenten oder etikettierten Behältern. Um Platz zu sparen, kann man Teebeutel auch in einem großem Glasgefäß mischen.

▲ ◄ **Ein Ausziehschrank nimmt
die Lebensmittel auf.**

▼ ◄ **Gewürze werden vor Fett
geschützt.**

▲ **In kleinen Magnetdosen
sind Gewürze stets
griffbereit.**

# Frischwaren

Hier ruft man sich zunächst einige Hygieneregeln ins Gedächtnis. Wenn es um das Reinigen des Kühlschranks geht, neigen wir doch alle zu Nachlässigkeit, weil uns die Kälte ein guter Garant für das Konservieren der Lebensmittel scheint. Trotzdem sollte man ihn mindestens einmal im Monat komplett reinigen – also auch die Gitterroste – und die Gelegenheit gleich nutzen, alles Verdorbene wegzuwerfen. Das Gleiche passiert mit nie verwendeten Produkten, etwa den diversen Gewürztöpfchen, die nur ein einziges Mal ausprobiert und dann vergessen wurden ....

Um Ordnung in den Kühlschrank zu bringen, sind rechteckige, luftdicht verschließbare und stapelbare Behälter ideal. Käse bewahrt man in einer großen Box auf, die durchdringende Gerüche zurückhält, und gewaschener Salat hält sich in einer Frischhaltebox am besten. Beim Einräumen der Einkäufe kommt die Frischware mit der längsten Haltbarkeit nach hinten ins Fach, während leicht Verderbliches die vorderen Plätze belegt.

Lebensmittel halten sich übrigens in der richtigen Kältezone länger, denn die Temperaturen im Kühlschrank differieren je nach Bereich. Eier, Butter, Frischkäse, angebrochene Saucen, Schinken und Fertiggerichte gehören nach oben, Milchprodukte, reifer Käse, Fleisch, Fisch, gekochtes Gemüse in die Mitte

▲ **Eine Einbauküche bietet optimalen Stauraum und erleichtert das Reinigen.**

und Obst, frisches Gemüse und Käse nach unten ins Gemüsefach.

Auch in der Gefriertruhe will Ordnung gehalten werden. Reste einer zubereiteten Mahlzeit friert man nur dann ein, wenn man sicher ist, sie später auch zu essen. Ein Gefrierschrank mit Auszügen ist wunderbar, um nach Kategorien wie Fleisch, Fisch, Brot und Kuchen, Gemüse, Fertiggerichten und Gemüse zu sortieren. Eigenhändig Zubereitetes wird sorgfältig etikettiert und mit einem Verfallsdatum versehen. Schauen Sie die Etiketten in regelmäßigen Abständen durch und registrieren Sie so, was bald verzehrt werden muss.

▶ **Die Kücheninsel eignet sich hervorragend für extrabreite Schubladen.**

# Geschirr

Viele Wohnungen verfügen gar nicht mehr über ein eigenes Esszimmer, sondern nur noch über einen Essbereich, der im Wohnzimmer oder in der offenen (amerikanischen) Küche untergebracht ist. Doch selbst im klassischen Esszimmer ist das Ambiente bei Einladungen heute viel lässiger als noch bei unseren Großeltern. Auch hier haben sich die Lebensgewohnheiten gewandelt.

Der Tisch ist immer noch Ort der Geselligkeit schlechthin, von der täglichen Mahlzeit im Kreis der Familie bis hin zum Imbiss für Singles, die sich zum Klönen verabredet haben. Auch wenn man inzwischen nicht mehr eine komplette Serie Servierplatten aufbieten muss – wer, bitteschön, braucht heute noch einen extra Spargelteller? –, spielt Geschirr nach wie vor eine wichtige Rolle und man wechselt es öfter mal.

Um unnötige Handgriffe zu vermeiden, räumen Sie das täglich gebrauchte Geschirr in die Nähe von Spüle oder Spülmaschine. Das Festtagsservice hat dagegen Anspruch auf einen weniger strategisch motivierten Platz, beispielsweise in der Anrichte im Wohnzimmer. Teller und Gläser verstaut man am besten gut zugänglich in angemessener Höhe. Hier empfehlen sich Regale mit geringer Tiefe oder ein Stauelement mit Schubladen und Trenneinsätzen, wo Teller stehen können, ohne dass sie beim Herausziehen der Schubladen immer wieder gegeneinanderstoßen.

Tellerstapel gehören wegen ihres Gewichts ganz unten in den Schrank und dürfen nicht allzu sehr in die Höhe wachsen, denn sonst besteht Bruchgefahr. Tassen und Glasbecher kann man auch aufhängen; auf diese Weise umgeht man das Stapeln, bei dem sie leicht Schaden nehmen können.

Um das Silberbesteck vor dem Anlaufen zu schützen, wird es in luftdichte Plastikbeutel, durch die der Inhalt sichtbar ist, oder in eigens für diesen Zweck bestimmte Schutzhüllen gepackt.

Kerzen, Leuchter, Servietten und Tischdecken gehören in Nähe des Geschirrs untergebracht, damit Sie sie beim Tischdecken ohne viel Hin- und Herlaufen herausholen können.

▼ **Aus einer Anrichte in Tischnähe zaubert man das Geschirr im Handumdrehen hervor.**

Wohnen und Gäste einladen

◄ Töpfe verstauen Sie in tiefen
Schubladen. Abnehmbare Topfgriffe
erleichtern das Wegräumen.

Der antike Vitrinenschrank
fügt sich harmonisch in die
moderne Küche ein.

▲ Diese winzige Küche nutzt den
Raum optimal. Alle Küchengerät-
schaften hängen an dem Gitter
in Herdnähe.

◄ **Das Geschirr findet in großen Schränken Platz, die in der Nähe der Spülmaschine stehen.**

## Küchengeräte

Gibt es eine bessere Art, den Tag zu beginnen, als sein Frühstück in einer ansprechend und zweckmäßig eingerichteten Küche zuzubereiten? Bei Ihnen sind die Arbeitsflächen vollgestellt mit diversem Küchenkram? Um mehr Platz zu schaffen, genügen meist schon ein paar einfache Handgriffe.

Alle waagerechten Flächen sollten nach Möglichkeit frei bleiben – dann wird Ihnen außerdem das Saubermachen viel schneller von der Hand gehen. Was tagtäglich in Gebrauch ist, verwahrt man logischerweise gut zugänglich. Selten genutzte Küchenmaschinen geben Sie besser weg. Entsorgen Sie, was unvollständig ist. Und noch ein Tipp: Meiden Sie Gadgets, also Dinge, die nur einen einzigen Zweck erfüllen wie Eier- und Pizzaschneider, Crêpe- oder Popcornmaschine, kurz alles, was nur einmal jährlich hervorgeholt wird und sich ohne Weiteres durch ein geläufiges Küchengerät ersetzen lässt. Ein Schnellkochtopf leistet beispielsweise dieselben Dienste wie ein Schmortopf, ist aber vielseitiger.

In einem Schrank oder einer Schublade sortiert man wieder nach Kategorien und stellt alles zusammen, was für das Backen verwendet wird – Kuchenformen, Teigrolle, Messbehälter, Küchenwaage – oder was dem Konservieren dient, wie Gefrierschalen, luftdicht verschließbare Gefriergutbehälter. In einer flachen Schublade lässt sich wunderbar alles verstauen, was Rollenform hat, wie etwa Backpapier, Gefrierbeutel, Alu- und Frischhaltefolie. In die Schubladen passen auch noch Geschirrtücher, Topflappen, das Besteck und die Gebrauchsanweisungen der Haushaltsgeräte. Messer bewahrt man außer Reichweite von Kindern auf. Trenneinsätze für Schubladen und Drahtkörbe erlauben ein effizientes Sortieren der verschiedenen Objekte. Tabletts, Schneidebretter und Tischsets finden ein Plätzchen in ungenutzten Zwischenräumen oder zwischen zwei Möbeln. Empfehlenswert sind auch Kochtopfsets, weil sie ineinandersetzbar sind.

Ein Regal leistet stets gute Dienste als zusätzliche Stauraumlösung. Regaleinsätze sollte man möglichst an die Höhe des Inhalts anpassen. Sollte es an ausreichend Schubladen fehlen, kann man dies durch das Aufhängen der Küchengeräte ausgleichen.

# Haushaltsprodukte

Sie sinnvoll zu ordnen macht eigentlich niemandem Spaß, aber es ist nun mal unerlässlich, um den notwendigen Platz zu schaffen. Das übliche dichte Gedränge von Flaschen und Behältern unterschiedlicher Größe bekommt man in den Griff, indem man sich für Multifunktionsprodukte entscheidet. Am besten verstaut man sie unter der Spüle, wobei darauf geachtet werden muss, dass Gefährliches für Kinder unzugänglich ist.

Haushaltsabfälle sind gut in einem Eimer aufgehoben, der an der Innentür des Spülschranks hängt. Für recycelbaren Müll bietet sich dagegen ein sichtbar platzierter Eimer an. Besen und Staubwedel werden an der Küchentür aufgehängt und Reinigungssprays an einer Stange an einer Schrankinnentür. Im Schrank selbst bringt man Putzeimer und Staubsauger unter (Rohr und Schlauch über einen Haken legen).

Zum Einkaufen nehmen Sie bitte einen wiederverwendbaren, faltbaren Beutel oder einen festen Korb, um der Invasion der Plastiktüten Einhalt zu gebieten.

▲ Spülmittel verwahrt man außer Sichtweite: in einer Schublade unter der Spüle. Gut sind zwei Schubladen, in denen Essig- und Ölflaschen getrennt verwahrt werden können.

▼ Mülltrennung – Sie brauchen drei separate Mülleimer.

# Die Wäsche

## Wäschezimmer

Servietten und Tischdecken sind in der Nähe des Esstischs gut untergebracht. Ist Ihre Lieblingstischdecke umständlich zu bügeln? Dann legen Sie sie nicht flach hin, sondern hängen Sie sie auf einen Bügel, damit sie keine Falten wirft und vor dem Decken nicht mehr gebügelt werden muss.

Wer kein eigenes Wäschezimmer hat, verwahrt Bettwäsche und Handtücher entweder in den Schlafzimmern – dort braucht es auch keine Etikettierung – oder aber in einem Schrank in Schlafzimmer- und Badnähe. Ist Letzteres der Fall, räumt man die Sachen in Regalfächer oder Schubladen und beschriftet diese mit dem Namen der Person oder mit der Größe: Kinderbett, Spannbetttuch 140, Bettbezug 220 x 240, Handtuch usw.

Im Sommer werden Daunendecken und Winterbettwäsche in Vakuumaufbewahrungssets gepackt und oben oder unten in einen Schrank gelegt oder aber, falls dort kein Platz ist, unter das Bett geschoben. So bleibt die Bettwäsche vor Staub, Motten und Feuchtigkeit geschützt, und zugleich gewinnt man wertvollen Platz. Dieselbe Methode bietet sich auch für Winterkleidung an.

## Waschküche

Gleich in welchem Rhythmus Sie Bettwäsche, Bademäntel und Handtücher wechseln, das Verfahren ist stets dasselbe: die Wäsche sortieren, trocknen, bügeln (oder auch nicht!) und wegräumen.

◄ Praktisch bei großen Familien: Schilder mit Klipphaltern zum Auszeichnen der Bettwäsche.

**Ideal bei reichlich Platz: ein eigener
Raum für Wäsche und Putzmittel.**

Beim Trocknen hat man die Wahl zwischen Wäscheständer und Wäschetrockner, ohne dass beide einander ausschließen. Aus ökologischen Gründen sollte
man den Trockner allerdings nur selten einschalten. Wenn Sie wenig Wäsche haben, reicht auch ein
Ständer, der in die Badewanne gestellt oder an die
Tür gehängt wird. In einem Haus oder einer Familienwohnung richtet man einen eigenen Bereich her,
der Waschmaschine, Trockner, Waschmittel, Körbe,
Bügeleisen und -tisch aufnimmt. Dort sollte auch
eine Kleiderstange mit Bügeln befestigt werden.

Für die Schmutzwäsche nimmt man vorzugsweise
drei verschiedene Behälter: einen für Weißes, einen
anderen für Farbiges und den dritten für empfindliche Wäsche. Gewaschene Kleidung, die noch gebügelt wird, sollte in einem großen Wäschekorb aufbewahrt werden. Verwaiste Einzelsocken wandern
in einen eigenen Behälter. Auch flickbedürftige Kleidungsstücke werden beiseitegelegt.
Alles was inzwischen verblichen, abgewetzt, unansehnlich ist oder aber hartnäckige Flecken hat, sollte
entsorgt werden.

# DER PRIVATBEREICH

# Das Ankleiden

## Kleidung

Ganz bestimmt haben Sie schon einmal gesagt: „Ich hab einfach nichts im Schrank" oder „Ich weiß nicht, was ich anziehen soll". Dabei quellen unsere Schränke über von Kleidungsstücken, die wir nicht mehr tragen möchten oder die uns nicht mehr stehen: zu enge Hosen, aus der Mode gekommene Röcke, fadenscheinige Hemden, eingelaufene Pullis, ausgefärbte Unterwäsche … Hier ist rigoroses Ausmisten angesagt.

Ob Schrank, Kleiderauszug, begehbarer Kleiderschrank oder ein eigenes Ankleidezimmer – Sommer- und Wintersachen werden getrennt gelagert und nach Person und nach Farbe sortiert. Kleidung, Schuhe, Taschen und Accessoires sind in Schutzhüllen vor Motten, Staub und Sonne geschützt. In einem begehbaren Schrank wird die zur Zeit nicht getragene Kleidung hinter einer Tür verwahrt, während die Saison-Kleidung gut sichtbar sein darf. In einem tiefen Schrank, der Platz

für zwei hintereinandergesetzte Stangen bietet, räumt man nicht saisongerechte Kleidung nach hinten.

Für Kleider, Mäntel, Hosen, Röcke, Jacketts und Anzüge gibt es Kleiderbügel, und auch Jeans, Hemden und Blusen kann man auf Bügel hängen oder, wenn man das lieber mag, gefaltet in Ablagefächer räumen. Pullis, T-Shirts und Strickwaren werden im Allgemeinen zusammengelegt und in Ablagefächern verstaut. Stapeln Sie aber höchstens fünf Artikel aufeinander, sind es mehr, droht Einsturzgefahr. Ein separater Haken ist nützlich, um die Kleidung für den nächsten Tag herauszulegen.

Ob maßgeschreinert oder im Handel erworben – je höher der Schrank desto besser, um Platz für zwei übereinander arrangierte Kleiderstangen zu erhalten, die sofortigen Überblick bieten.

◀ Große Schränke in der Zimmer-
ecke stören weder Blick noch
Schlaf. Alles hat seinen Platz.

◀ Dieser lang gestreckte
begehbare Kleiderschrank bietet
diverse Staumöglichkeiten für
die komplette Gaderobe.

▲ Das gut durchdachte Zimmer
nutzt mehrere Stauraumlösungen,
darunter Ausziehschränke und
Regale.

▲ Wenn sich die obere Kleiderstange nicht herunterklappen lässt,
kommen Sie mit einem Greifer
weiter.

▲ Das Sortieren nach Farben
erleichtert das Suchen und wirkt
zudem ordentlicher.

◀ Auf einem speziellen Halter hängen die
Hosen unter den dazugehörigen Sakkos.

Bei ausreichender Raumtiefe sind schwenkbare Kleiderstangen praktisch, an denen man Jacketts auch
noch hoch oben verstauen kann. Dagegen sind dreh-
bare Kleiderständer optimal für begehbare Schränke
in L-Form. Da Metallbügel unschön altern und die
Kleidung an ihnen Schaden nimmt, meidet man sie
besser. Damit sich die Pullis nicht hinten im Schrank
zusammenballen, sollten die Ablagen höchstens
35 Zentimeter tief sein. Empfehlenswert sind herausziehbare und verstellbare Ablagen, die größeren
Spielraum bei der individuellen Gestaltung der Stau-

flächen bieten. Eventuell statten Sie sie mit Spotlights
aus. Schubladensysteme und herausziehbare Staubo-
xen sind sehr praktisch und ermöglichen den schnel-
len Zugriff auf den gut sortierten Inhalt. Mit Trenneinsätzen versehen, nehmen sie Ihre Unterwäsche,
Krawatten, Schals, Halstücher und Gürtel auf, während Hemden ihren Platz in sehr flachen Schubladen
finden. Ein zwischen zwei Ablagen geschobener Kasten erweist dieselben Dienste wie eine Schublade; von
Weidenkörben ist indes abzuraten, da sie empfindliche Kleidung leicht beschädigen.

Der Privatbereich

◄ Pfiffig: eine schwenkbare Kleiderstange.

Bringen Sie in Ihrem begehbaren Kleiderschrank einige Haken an, an die Sie Bügel hängen können.

Einbauschränke mit Schiebetüren sind
ideal für kleine Räume.

Bei einem Kleiderhalter, der über
die Tür gehängt wird,
entfällt das Löcherbohren.

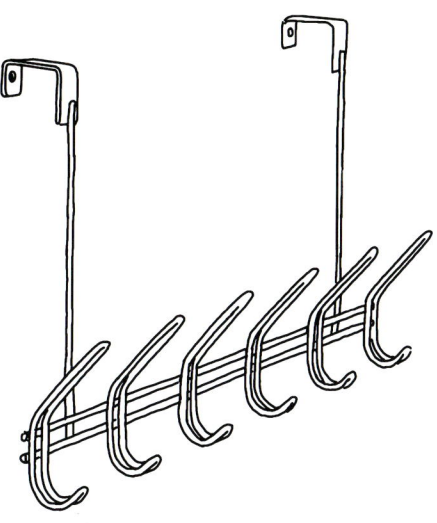

Auch wenn der begehbare Kleiderschrank Ihrer Träume am nötigen Kleingeld oder an den Platzvorgaben scheitert, können Sie doch mit einigen simplen Tricks einen ansprechenden Staubereich improvisieren. Beispielsweise nutzen Sie eine einfache Stange, um dort Anzüge und Kostüme in Kleiderhüllen aufzuhängen, und Pullis, Hemden und Schuhe kommen auf dekorativen biegbaren Wandborden unter. Überlegen Sie sich zusätzliche Stauraumlösungen, zum Beispiel ein hölzernes Kleidergestell mit Baumwollschutzhülle, das im Flur oder im Gästezimmer steht und alles aufnimmt, was im Alltag nicht benutzt wird.

Taschen hängt man an Haken an die Wand oder man legt sie in eine tiefe Schublade, nicht aber in ein Regal, weil sie dort nicht stehen bleiben und nur schwer zugänglich sind. Gürtel, Halstücher und Krawatten gehören auf einen Bügel, in eine flache Schublade oder in eine Kiste. Gut sind auch Haken an den Schrankinnentüren, um dort Gürtel und Krawatten aufzuhängen.

Unterwäsche, Socken, Accessoires, Strumpfhosen sowie Kleidungsstücke aus rutschigen Synthetikmaterialien legt man am besten in Schubfächer. Ein eigenes Schubfach für jeden Kleidungstyp ist natürlich ideal, aber wenn der Platz nicht reicht, bieten sich Trenneinsätze für die Schubfächer an. Schuhe hebt man nach Jahreszeiten, Farbe oder Art (Sport, Stadt) sortiert auf einem Regal, auf speziellen Schuhstangen oder in einem Schuhschrank auf, nur die edelsten Stücke horten Sie im beschrifteten Karton.

## Accessoires

Uhren, die nicht mehr funktionieren, Ohrringe ohne Gegenpart, Armbänder mit zerbrochenem Verschluss vergeuden nur Platz. Für wenig Schmucksachen, ob Mode- oder echter Schmuck, genügt auch ein einfaches Kästchen. Wird mehr Platz benötigt, befestigt man Haken an der Wand oder der Schrankinnentür, um dort Ketten und Armbänder aufzuhängen; dort werden sie sich nicht wie bei liegender Verwahrweise verwirren. Gut sind wieder Schubladen mit Trenneinsätzen, wo sich Ohrringe (paarweise!), Ringe und Armreifen sinnvoll ordnen lassen.

## Für Kinder

▶ Alles was zu klein, fleckig, zerrissen und abgenutzt ist, kommt weg, am besten zu Beginn des Schuljahrs.

▶ Achten Sie beim Schrank auf eine kindgerechte Größe – das hilft dem Junior, Ordnung in seinem Zimmer zu halten. Stangen, Haken und Regalfächer in seiner Höhe, Kinderbügel, Schubfächer für Socken, Unterwäsche und Pyjamas. Schmutzwäsche kommt in einen Beutel oder in eine Rolltruhe.

▶ Nicht mehr getragene Kleidungsstücke, an denen Ihnen etwas liegt, kommen in einen Karton und dann nach oben auf den Schrank, natürlich wieder gut beschriftet (etwa: Winterkleidung, Junge, vier Jahre) und mit einer Inhaltsliste versehen. Noch besser ist aber ein Vakuumaufbewahrungsset, das den Inhalt vor Feuchtigkeit, Staub und Motten schützt. Überlegen Sie jedoch, ob es lohnt, Sachen für das kleine Brüderchen oder Schwesterchen aufzuheben. Die Mode wechselt so schnell, und was Sie jetzt weitergeben, wird anderen Kindern Freude bereiten.

# Körperpflege und Schönheit

## Toiletten- und Kosmetikartikel

In kürzester Zeit quillt das Badezimmer über von verschiedensten Schönheitsartikeln und Schminksachen. Dann finden sich en masse Produkte in unpassender Farbe, unüberlegte Spontankäufe, Parfüm- oder Kremproben, die nie benutzt werden, oder Seifen- und Shampooläschchen vom letzten Hotelaufenthalt. Meist greift man zu Hause doch zu seinen Standardprodukten, die nun mal am besten zu einem passen, während der restliche Kram vergessen vor sich hindümpelt.

Werfen Sie deshalb alles Überflüssige weg und räumen Sie das, was bleiben darf, in eine Schublade oder einen Schrank mit geringer Tiefe. Plastikboxen, Körbchen und Tüten sind hilfreich, um die Objekte zu sortieren: Zahnpflegemittel (jeder hat seine eigene Zahnbürste in einer bestimmten Farbe; die Zuordnung nach Farben ist auch hilfreich bei Handtüchern), Bad (Badesalz, Bimsstein, Schwämme usw.), Produkte für die tägliche Körper- und Gesichtspflege, Haarpflegemittel (inklusive Bürsten und Föhn), Schminksachen in einer Schublade, die mit Trenneinsätzen oder Körbchen für die verschiedenen Gesichtsbereiche ausgestattet ist (Haut, Lippen, Augen beispielsweise, praktisch ist ein Kulturbeutel, den man leicht mit ins Wochenende nimmt), Maniküre (Feilen, Krems, Lack, Lackentferner), Sonnenkrem und Mückenschutzmittel (werfen Sie einen Blick auf das Verfallsdatum).

▼ **Alle Schminksachen kommen in ein Schubfach unter der Ablage.**

## Hausapotheke

Medikamente sollten in ihren Verpackungen und mit Beipackzettel an einem kühlen und trockenen Ort aufbewahrt werden. Prüfen Sie nach, ob spezielle Angaben zur Aufbewahrung vorliegen.

Achten Sie darauf, dass die Schachteln nicht im Haus herumfliegen. Man kann sie in Schubladen oder einer Kiste unterbringen, am besten eignet sich jedoch ein verschließbares Medikamentenschränkchen. Für Kinder dürfen Arzneien jedenfalls nicht zugänglich sein. Gewöhnen Sie sich an, den Schrank zu verschließen, auch wenn Sie keine Kinder haben, denn sicher kommen mal Kinder von Freunden oder Verwandten zu Besuch. Bedenken Sie, dass Medikamente nicht ewig haltbar sind; überprüfen Sie ihre Hausapotheke von Zeit zu Zeit auf ihre Haltbarkeit.

## Allerlei nützliche Dinge im Bad ...

Gibt es einen triftigen Grund, weshalb Sie den Badewannenrand ganz mit Fläschchen zustellen? Räumen Sie doch lieber das, was Sie tagtäglich gebrauchen, in einen feuchtigkeitsbeständigen Korb. Dann müssen Sie ihn beim Putzen nur kurz anheben, um die Wanne zu reinigen, und außerdem wirkt der Raum insgesamt ordentlicher.

Eine schöne Idee, die Toilettenartikel zu verwahren: Bringen Sie über dem Waschbecken 10 cm tiefe Borde an und setzen Sie davor eine verspiegelte Schiebetür. Badespielzeug hat meist die unselige Neigung, sich schneller anzusammeln, als man schauen kann. Beim ersten Durchsehen räumt man alles zurück, was eigentlich ins Kinderzimmer gehört und auf mysteriöse Weise in der Badewanne gelandet ist. Den Rest legen Sie in ein spezielles Netz und hängen es entweder an die Duschstange oder mithilfe von Saughaltern an die Wandfliesen. So kann das Spielzeug nach Gebrauch abtropfen und wird dann keine üblen Gerüche verbreiten.

▶ **Große transparente Boxen bieten Stauraum im Bad, und der Inhalt ist gut sichtbar.**

## Medikamente

▶ Medikamente mit abgelaufenem Verfallsdatum wirft man nicht in den Müll, sondern gibt sie in der Apotheke ab.

▶ Sortieren Sie nach Krankheitstypen: Erkältung, Schmerzen, Verbrennungen usw.

▶ Wer häufig verreist, hält die wichtigsten Medikamente am besten in einem Beutel griffbereit.

# PRAKTISCHES

# FRAGEBOGEN / Ermitteln Sie Ihre Bedürfnisse

Dieser Fragebogen soll Ihnen bei einer Bestandsaufnahme Ihres Lebensstils, Ihrer Wünsche und Bedürfnisse helfen, damit Sie Ihr Zuhause zweckmäßiger gestalten können.

## 1. Wie wohnen Sie?

☐ allein
☐ mit dem Partner
☐ mit der Familie
☐ in einer Wohngemeinschaft

▶ Ab zwei Personen, die unter einem Dach leben, unterscheidet man zwischen Privatbereichen und gemeinsam genutzten Bereichen. Es ist wichtig, dass sich alle Bewohner angesprochen fühlen und die notwendigen Veränderungen nach ihren Möglichkeiten unterstützen.

## 2. In welcher Art von Wohnung leben Sie?

☐ Apartement
☐ Wohnung
☐ Loft
☐ Haus

▶ Je mehr Platz da ist, desto voller wird es! Dass die Umgestaltung eines Hauses mehr Zeit in Anspruch nehmen wird als die eines Apartments, liegt auf der Hand. Dafür bietet ein großer Raum mehr Staumöglichkeiten und Sie können zudem schrittweise vorgehen.

## 3. Wie wird Ihr Zuhause vom Umfeld wahrgenommen?

☐ Chaos pur.
☐ Minimalistisch.
☐ Es passt zu Ihnen.
☐ Es ist einladend.

▶ Das Urteil von Personen aus Ihrem Umfeld ist ein gutes Barometer, um einen realistischen Blick auf Ihre Wohnsituation zu bekommen. Denn je länger man an einem Ort wohnt, desto vertrauter wird er, bis man ihn nicht mehr objektiv wahrnimmt.

## 4. Was ist der Grund für die Unordnung bei Ihnen?

☐ Eine Veränderung der Lebenssituation.
☐ Alles hat sich einfach angesammelt.
☐ Mangelnde Organisation.

▶ Je nach Ursache muss die Lösung anders ausfallen. So verlangen die Geburt eines Kindes oder der Rentenbeginn nach einer überlegten Umgestaltung, die die neuen Bedürfnisse berücksichtigt. Das planlose Ansammeln von Krimskrams kann Folge übermäßigen Konsums oder aber fehlender Organisation sein. Dann muss aussortiert und ein Zeitplan erstellt werden.

**5. Was machen Sie zu Hause meistens?**
☐ Arbeiten.
☐ Kochen.
☐ Werkeln und Hobbys nachgehen.
☐ Freunde einladen.

▶ Es lebt sich viel einfacher, wenn jeder Aktivität ein eigener Raum zugewiesen wird, sodass automatisch Grenzen gesetzt werden. Die Regel lautet: „Ein jedes Ding an seinem Ort, erspart Dir Zeit und manch bös Wort."

**6. Woraus besteht das Chaos nun genau?**
☐ Bücher und Zeitschriften
☐ Papierunterlagen und Post
☐ CDs und DVDs
☐ Schmutzwäsche
☐ Kleidungsstücke

▶ Ein besseres Verständnis der Siebensachen ist wichtig, weil Sie dann erkennen, was aussortiert werden muss und welche Aufbewahrungsmöglichkeiten sich anbieten: Für Schriftverkehr und Post braucht es Ordner und Ablagen, für Kleidung dagegen Stangen zum Aufhängen.

**7. Die Staubereiche sind ...**
☐ ausreichend?
☐ an richtiger Stelle?
☐ angemessen?

▶ Ursache für die Unordnung ist oft ein Mangel an zweckmäßigen Aufbewahrungsmöglichkeiten. Nachdem Sie ausgemistet haben, werden Sie beurteilen können, ob die zu Verfügung stehenden Stauelemente Ihren Bedürfnissen entsprechen. Auf den folgenden Seiten finden Sie Vorschläge für die Gestaltung von begehbaren Kleiderschränken und anderen Schränken.

**8. In welchem Zimmer fühlen Sie sich am wohlsten? Warum?**

▶ Dieses Zimmer wird zum Auge des Orkans, während Ihr Zuhause umgestaltet wird.

**9. Mit welcher Umgestaltung sind Sie besonders zufrieden?**

▶ Wiederholen Sie an anderer Stelle, was bereits mit Erfolg umgesetzt wurde.

# BEGEHBARE KLEIDERSCHRÄNKE

## BEGEHBARE SCHRANKFRONT

**ZOOM**

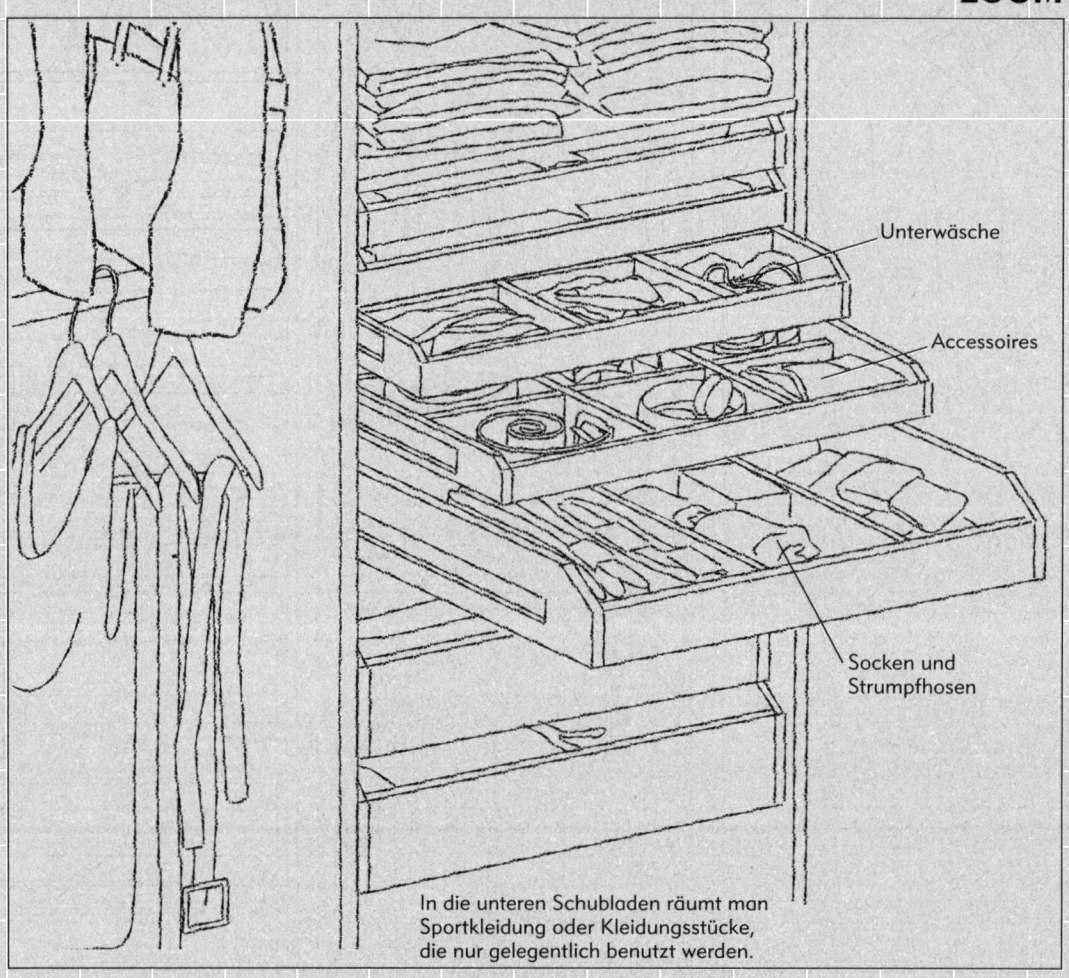

Unterwäsche

Accessoires

Socken und
Strumpfhosen

In die unteren Schubladen räumt man
Sportkleidung oder Kleidungsstücke,
die nur gelegentlich benutzt werden.

▶ In sehr kleinen Wohnungen bietet sich oft eine eingebaute Schrankfront für die Kleidung an oder aber ein begehbarer Schrank, der mit Türen, Schiebetüren oder Vorhängen verschlossen ist. Er sollte eine Tiefe von 60 cm aufweisen, damit man die Kleidung bequem auf Bügeln unterbringen kann. Das Innere gestalten Sie nach Ihren Wünschen. Zwei übereinander angebrachte Kleiderstangen schaffen Platz. In unterteilten Schubladen finden Accessoires, Wäsche, Strumpfhosen und Socken Platz sowie Kleidung aus Synthetikmaterialien, die vom Bügel herunterrutscht. Korbauszüge mit Deckel sind praktisch, um darin nicht saisongerechte Kleidung oder Schmutzwäsche zu verstauen oder um empfindliche Sachen vor Staub zu schützen.

# BEGEHBARER KLEIDERSCHRANK IN PARALLELER ANORDNUNG

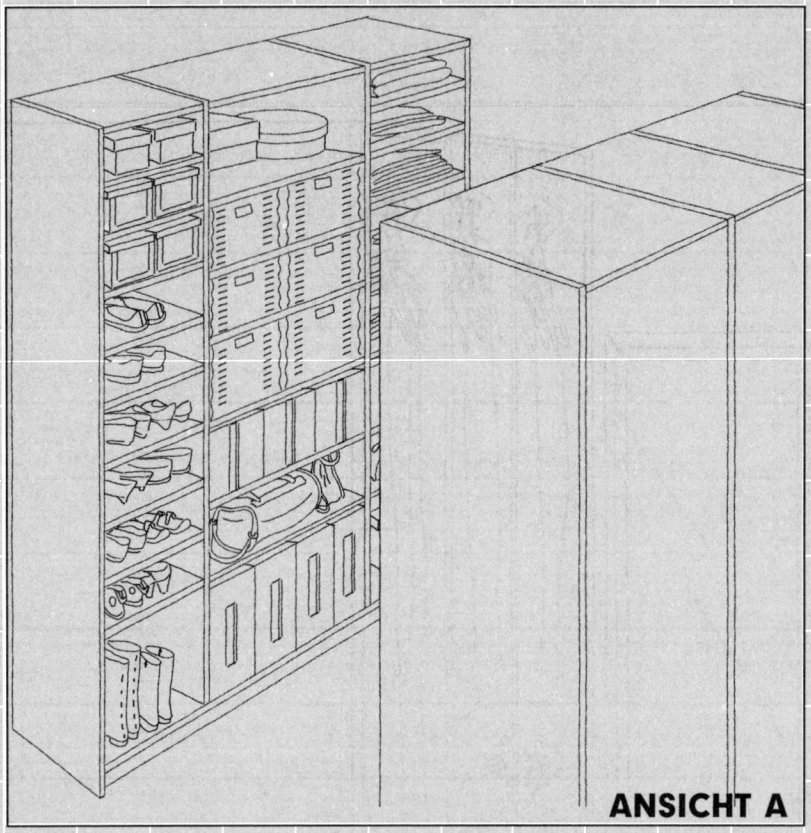

**ANSICHT A**

▶ Schon ein einfacher Raum von 2 x 2 m kann einen begehbaren Schrank in paralleler Anordnung aufnehmen: Eine Seite besteht aus Schränken von 60 cm Tiefe, die andere aus 30 bis 35 cm tiefen Regalfächern – und das möglichst deckenhoch. So bleibt noch der notwendige Raum zum Manövrieren (1 m) und Sie erhalten insgesamt 9 m² Stauraum und 3 m Stange. An der Tür oder der hinteren Wand macht sich ein Standspiegel gut. Je mehr Schubfächer zur Verfügung stehen, desto einfacher lassen sich Ihre Sachen auch sortieren und einräumen. In die Regalböden stellen Sie gut zugängliche Körbe. Alltagsschuhe werden nebeneinander gelagert, während Abend- und nicht saisongerechte Schuhe in den oberen Fächern gut aufgehoben sind – am besten in transparenten, staubsicheren Behältern. Auf einem niedrigen Stauelement kann man gut Reisetaschen absetzen.

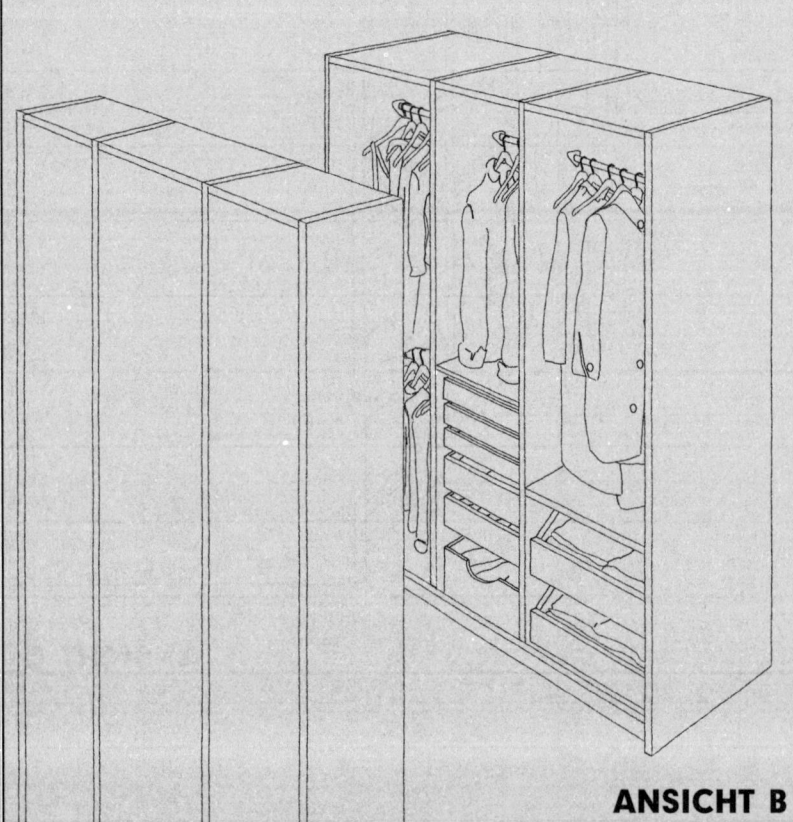

**ANSICHT B**

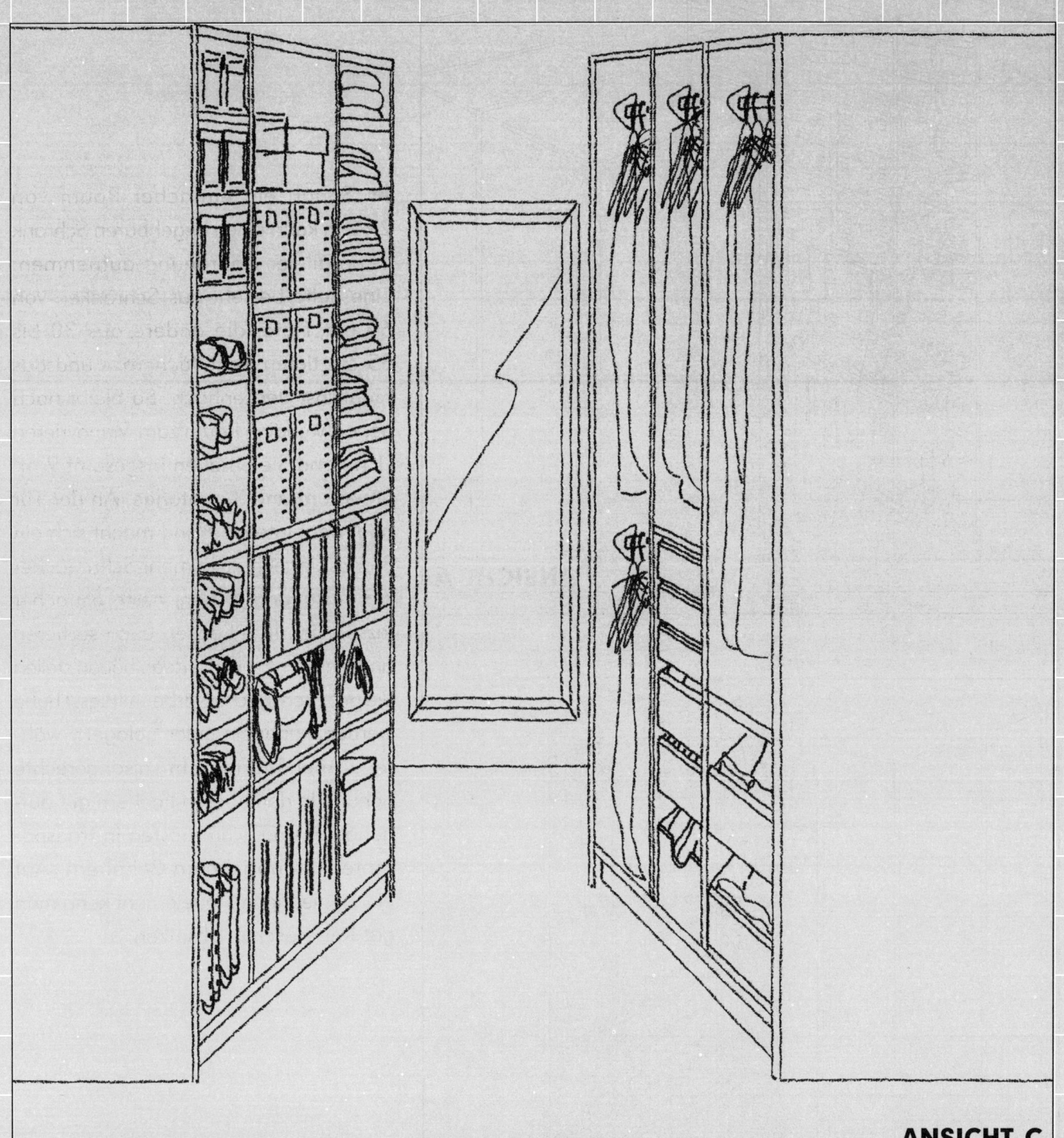

**ANSICHT C**

# BEGEHBARER KLEIDERSCHRANK IN U-FORM

**ZOOM**

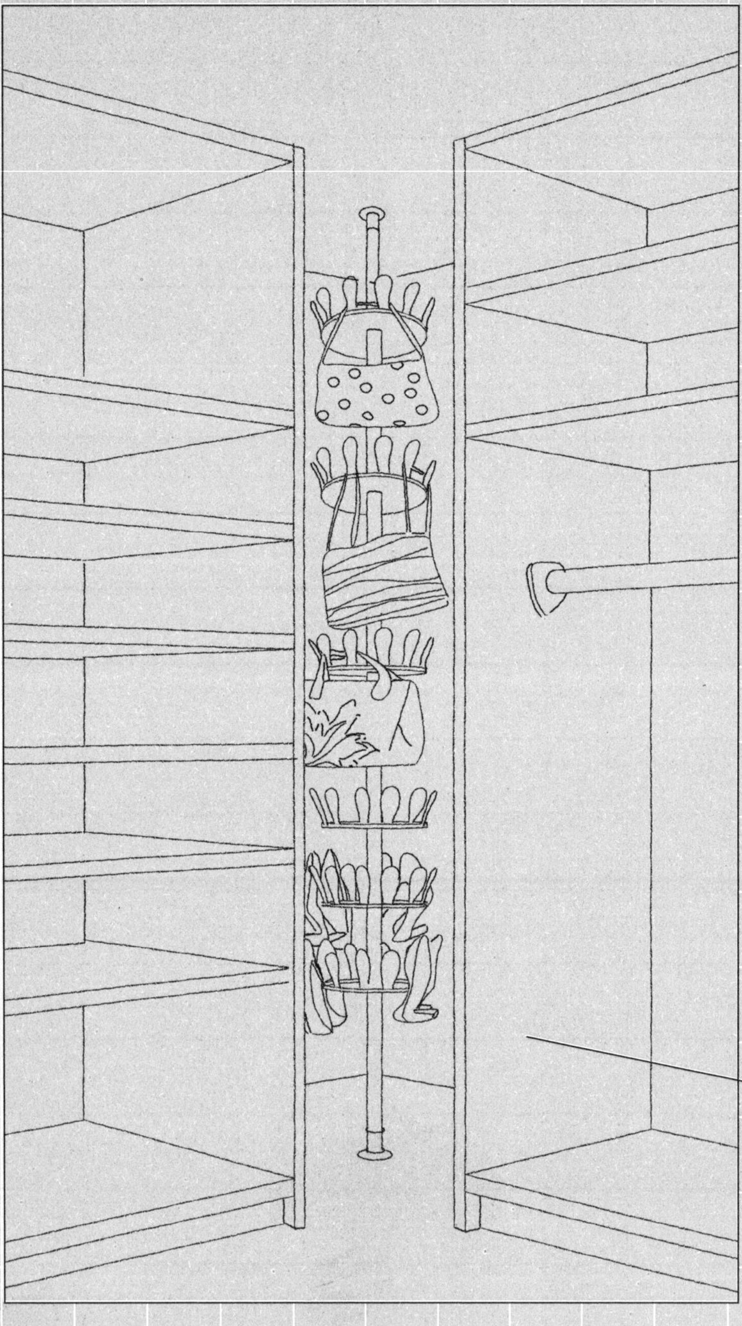

▶ Sofern die Möglichkeit besteht, verwandeln Sie das Zimmer neben Ihrem Schlaf- oder Badezimmer in einen begehbaren Schrank. Die U-Anordnung bietet zwei Partnern dieselbe Länge Stauraum, die jeder nach seinen individuellen Bedürfnissen gestaltet. In die Ecke kommt ein überaus praktischer Drehständer, der Handtaschen und Herrenschuhe aufnimmt. Denken Sie an einen Extrahaken für die herausgelegte Kleidung und auch an einen Standspiegel. Ein mittig platziertes Stauelement, auf dem ein Koffer abgestellt werden kann, erleichtert das Packen und bietet außerdem zusätzliche Verwahrmöglichkeiten, am besten in Form von Schubladensystemen.

Ein Drehständer nutzt gut eine Ecke aus, die bei Eckschränken normalerweise schwer zugänglich ist.

# ENTWERFEN SIE IHREN BEGEHBAREN KLEIDERSCHRANK

▶ Lassen Sie sich von den drei hier vorgestellten Arten von begehbarem Schrank inspirieren und planen Sie Ihre eigene Gestaltung – je nach verfügbarem Platz und den Dingen, die in ihm verstaut werden sollen.

Benötigt werden dafür Lineal, Bleistift und Radiergummi. Anhand des Rastermusters zeichnen Sie möglichst gerade Linien und rechte Winkel, denn davon hängt das Erscheinungsbild Ihres Entwurfs ab. Je klarer die Zeichnung, desto mehr Lust werden Sie auch haben, zur Tat zu schreiten.

# ENTWERFEN SIE IHREN BEGEHBAREN KLEIDERSCHRANK

# BÜRO- UND HOBBYECKEN

## HOBBYSCHRANK

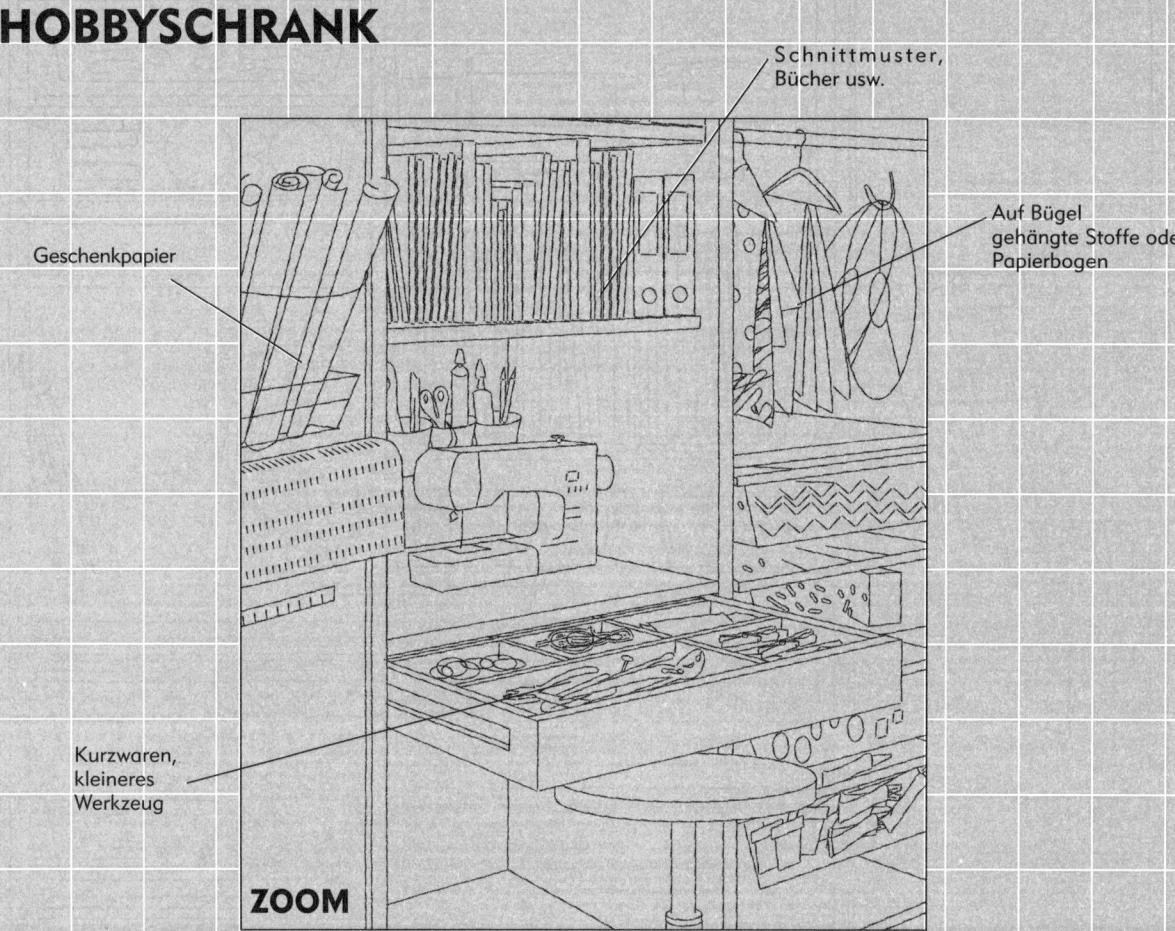

Schnittmuster, Bücher usw.

Geschenkpapier

Auf Bügel gehängte Stoffe oder Papierbogen

Kurzwaren, kleineres Werkzeug

**ZOOM**

▶ Wenn einen die Lust packt, kreative Ideen umzusetzen, braucht man unbedingt eine gut eingerichtete Hobbyecke. Dafür eignet sich ein Wandschrank, in dem Sie eine Arbeit auch liegen lassen können und einfach nur die Tür verschließen. Ihren Hobbyschrank statten Sie mit Schubladensystemen für Knöpfe, Perlen, Sticker, Briefe und Bänder aus; alternativ bieten sich auch deckellose Behälter an. Seidenpapiere und empfindliche Stoffe kommen auf Bügel, wo sie nicht knittern. In 75 cm Höhe bringen Sie eine Ablagefläche an, wo Ihre Nähmaschine abgestellt wird und auf der Sie arbeiten, und darunter eine Schublade, um kleineres Werkzeug schnell zur Hand zu haben. Regalfächer bieten Platz für Bücher und Zeitschriften, Pappschachteln, Fotos und Stoffe. An der Innentür befestigen Sie ein Meterband, an dem man Stoffe und Bänder abmessen kann. Bänder werden an Haken oder Nägeln an der Wand oder den Türen aufgehangen.

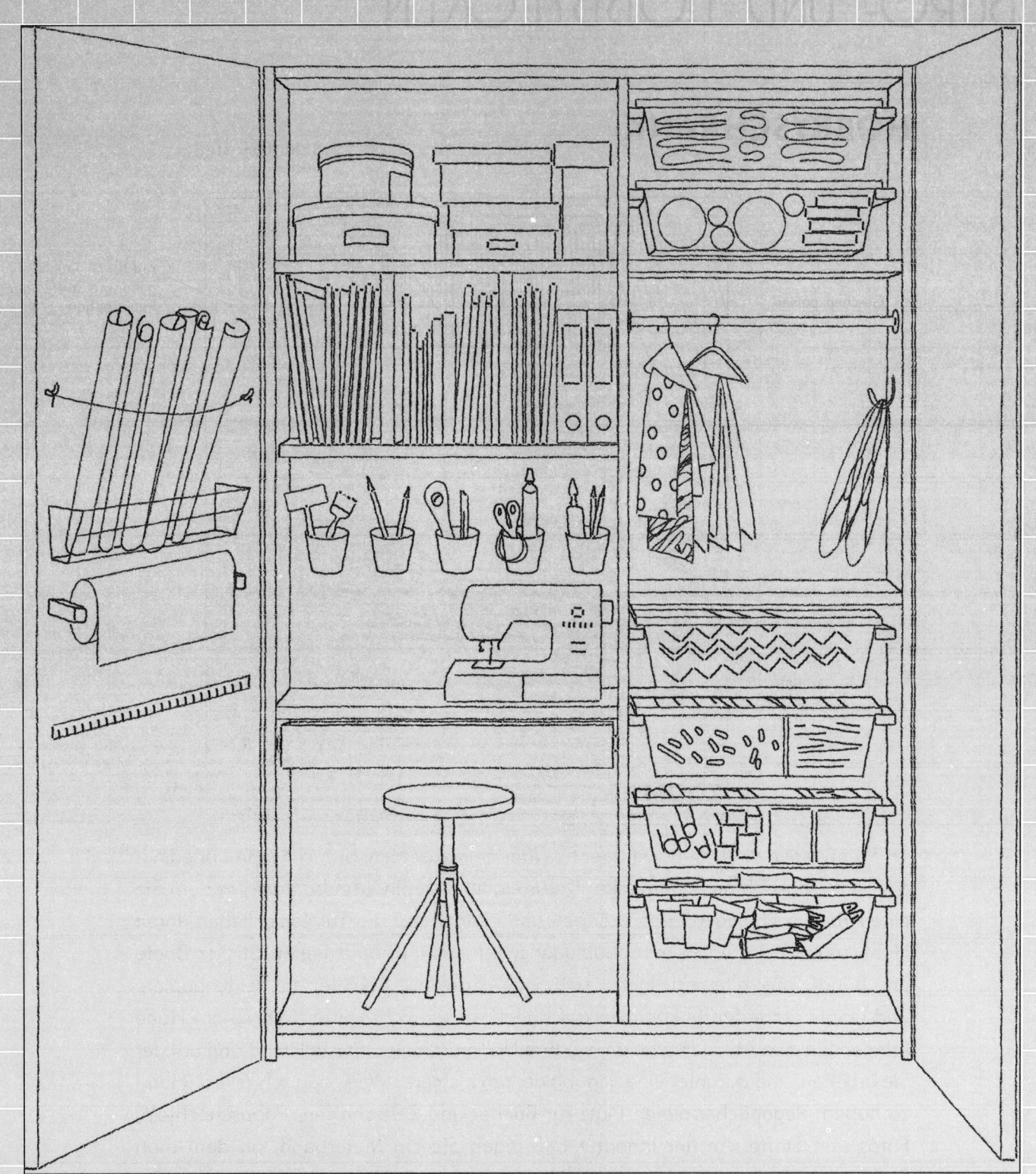

# BÜROECKE

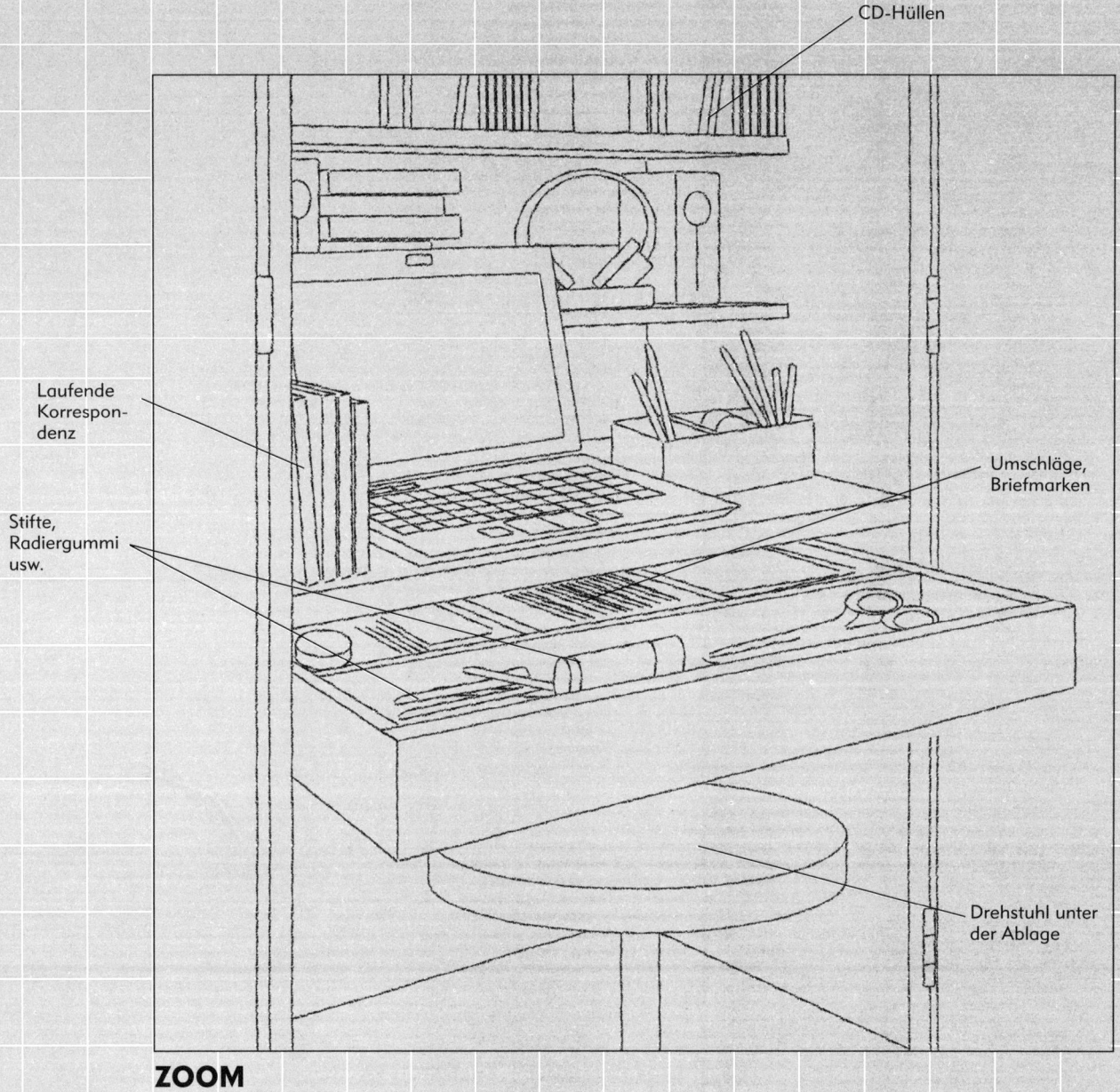

CD-Hüllen

Laufende
Korrespon-
denz

Umschläge,
Briefmarken

Stifte,
Radiergummi
usw.

Drehstuhl unter
der Ablage

**ZOOM**

▶ Schon 1 m² reicht für das Einrichten einer Büroecke, in der Sie Ihre Post und den laufenden Schriftverkehr erledigen können. Eine Nische von 80 cm Breite und 60 cm Tiefe oder ein gut aufgeteilter Schrank sind dafür ideal. 75 cm über dem Boden installieren Sie eine Arbeitsplatte – dort kommt der Computer hin – und darunter eine unterteilte Schublade für Schreibwaren, Briefmarken, Schere, Klebeband … Sehen Sie auch einige 30 cm tiefe Regalfächer vor, wo Bücher, Ordner, Akten, CDs und anderes gut zugänglich aufbewahrt werden können. Dann braucht es noch eine Ablage für Drucker, Papier und Druckerpatronen.

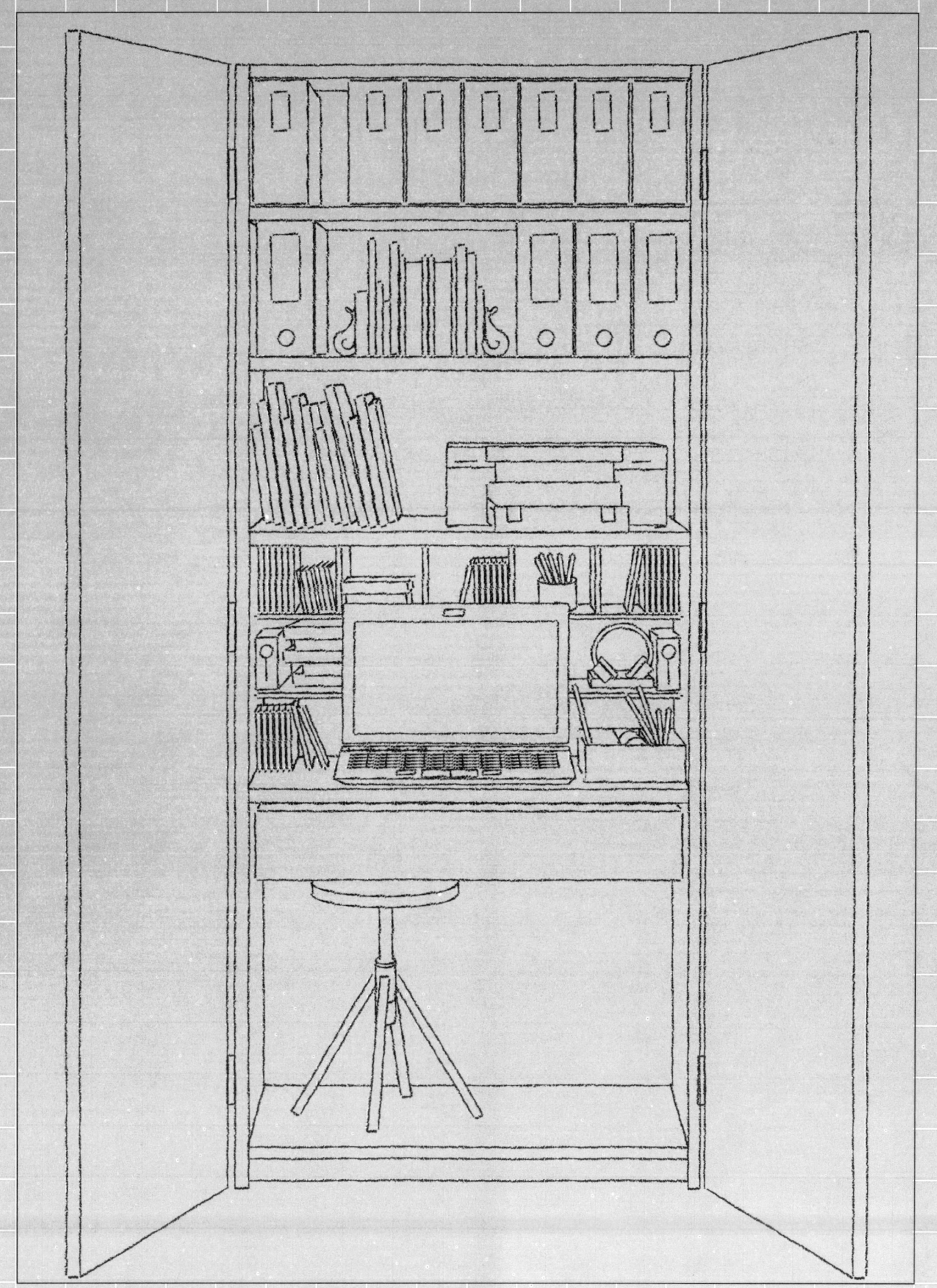

# ENTWERFEN SIE IHRE EIGENE

# BÜRO- UND HOBBYECKE

▶ Lassen Sie sich von dem Hobbyschrank und der Büroecke inspirieren, die hier vorgestellt wurden, und gestalten Sie Ihren eigenen Schrank, je nach der Größe und dem vorgesehenen Gebrauch.

Benötigt werden dafür Lineal, Bleistift und Radiergummi. Anhand des Rastermusters zeichnen Sie möglichst gerade Linien und rechte Winkel. Je klarer die Zeichnung, desto mehr Lust werden Sie auch haben, zur Tat zu schreiten.

# EIN KINDERZIMMER EINRICHTEN

► In diesem Kinderzimmer passen sich die Stauflächen in der Höhe dem Kind an, sodass es seine Spielsachen selbst herausnehmen und auch wieder zurückstellen kann. Niedrige Stauelemente dienen zugleich als Sitzgelegenheit.

# EIN JUGENDZIMMER EINRICHTEN

▶ Mit einem Hochbett, wie es bei Jugendlichen sehr beliebt ist, hält man den Boden
frei und gewinnt Platz für Stauelemente oder eine Sitzecke.

# DANKSAGUNG

Wir möchten unseren herzlichen Dank aussprechen:
Martial Cautenet und Serge Gleizes, die unsere Begegnung herbeigeführt haben und uns freundlicherweise ihre Adressbücher geöffnet haben; Aymeric Tetrel von Tetrel déco, Christian Legendre von Espace Mobalpa sowie BHV, Lappad, Muji, Perigot, Tressera; Magali Yassini von EditoPlus für ihre Tüchtigkeit, Professionalität und Freundlichkeit; allen Hausbesitzern, die uns erlaubt haben, ihr Zuhause zu fotografieren, und damit dieses Buch möglich gemacht haben, allen voran Mylène und Jacques Aubert, Eleanor Benayoun, Annabelle Brietzke-Pinel, Florence Le Maux, Sophie Charlotte Capdevielle, Claire und Dominique Grillet.

CYRILLE FRÉMONT und MANUEL BOUGOT.

Ich möchte all meinen Kunden ein großes Dankeschön für das Vertrauen aussprechen, das sie bei der Durchführung der Projekte in mich gesetzt haben.
Ebenfalls zu nennen sind Geneviève Aubry für ihre unersetzliche Hilfe und exzellenten Ratschläge, Michel Frémont für seine beständige Gegenwart, Janine Barreault für ihre Ermutigung, Manuel Bougot für seinen Enthusiasmus und sein immenses Talent. Speziell erwähnt werden soll noch meine Mutter Jeannine Frémont: Sie hat ihren Ordnungssinn und ihre Liebe zu schönen Dingen an mich weitergegeben und mich stets unterstützt.

CYRILLE FRÉMONT.

Ganz besonders danke ich Martial Cautenet und Serge Gleizes, durch die ich Cyrille kennengelernt habe, sowie Cyrille Frémont, die mir sofort vertraut hat und deren Ordnungssinn und Entschlossenheit beispiellos sind.

MANUEL BOUGOT.

Homecoaching – Stauraum-Ideen
© 2009 Tandem Verlag GmbH
7Hill ist ein Imprint der Tandem Verlag GmbH
Alle Rechte vorbehalten

© für die Originalausgabe
Déco à vivre – Organiser ses rangements
Groupe Fleurus, Paris 2008

Alle Rechte vorbehalten

Illustrationen: Arnaud Madelénat
Alle Fotografien sind von Manuel Bougot bis auf
S. 61: © Tubbs Chris/Redcover/Orédia

Übersetzung aus dem Französischen: Ursula Fethke
Umschlaggestaltung: Roman Bold & Black, Köln
Gesamtherstellung: Tandem Verlag GmbH, Königswinter

ISBN 978-3-8331-8524-3

Printed in Slovakia

10 9 8 7 6 5 4 3 2 1